HISTOIRE DU
BOUDDHISME

Quelques objets personnels d'un moine bouddhiste

Statue du
Bouddha
enfant

Boîte
à reliques
en cristal
en forme
de stupa

Conque
ornementée

Moine birman
en quête d'aumônes

Vajra
et cloche
tibétaine

Fleurs de lotus

Coiffe de cérémonie d'un lama tibétain

HISTOIRE DU
BOUDDHISME

par
Philip Wilkinson

Photographies originales de Steve Teague

Plaque comportant la Roue de la Loi
et deux cerfs

LES YEUX
DE LA DÉCOUVERTE
GALLIMARD

Bouddha étendu chinois

Moulin
à prières
tibétain

Statue de lion
gardant l'entrée
d'un temple
bouddhiste au
Royaume Uni

Lama tibétain
en dévotion

Comité éditorial

Londres :
Annabel Blackledge, Linda Esposito
Kate Mullins et Jane Thomas

Paris :
Christine Baker, Thomas Dartige,
Clotilde Oussiali et Eric Pierrat

Collection créée par
Peter Kindersley et Pierre Marchand

Pour l'édition originale :
Responsables éditoriales :
Annabel Blackledge, Linda Esposito
Responsables artistiques : Kate Mullins,
Andrew Nash, Jane Thomas
Maquettiste PAO : Siu Yin Ho
Iconographie : Jo de Grey, Bridget Tily
Fabrication : Erica Rosen
Conseiller : Peggy Morgan

Édition française
traduite et adaptée
par Izabel Tognarelli et Sophie Ramond
Conseiller : Le Vénérable Chandaratana,
Centre bouddhique international, Le Bourget
Édition : Bruno Porlier Packaging éditorial
Préparation : Dominique Maurel-Moja, Bruno Porlier
Correction : Dominique Maurel-Mojal, Isabelle Haffen
Montage PAO : Bruno Porlier
Maquette de couverture :
Raymond Stoffel
Photogravure de couverture : IGS (16)

Perles de prière
tibétaines

Personnage tibétain
portant des perles et
un moulin à prières

ISBN 2-07-055731-6
La conception de cette collection est le fruit
d'une collaboration entre les Éditions Gallimard
et Dorling Kindersley
Copyright © 2003 Dorling Kindersley Limited, Londres
Copyright © 2004 Éditions Gallimard Jeunesse, Paris
Loi n° 49-956 du 16 juillet 1949
sur les publications destinées à la jeunesse
Dépôt légal : avril 2004
Numéro d'édition : 126239

Imprimé en Chine par
Toppan Printing Co. (Shen Zhen) Ltd

Labels text

Statue de Tara
la Salvatrice

Bol à aumônes ornementé
birman

SOMMAIRE

Moine bouddhiste
accompagné de
deux novices

LA NAISSANCE DU BOUDDHISME
Nombreux sont ceux qui considèrent que le bouddhisme est né lorsque Bouddha fit son premier prêche (p. 16) à Sarnath, près de Bénarès (une ville aujourd'hui appelée Varanasi), dans le nord de l'Inde. Mais la naissance de Bouddha à Lumbini (p. 8), son éveil à Bodh-Gaya et sa mort à Kushinagara (pp. 10-11) sont également des moments importants de l'histoire du bouddhisme.

QU'EST-CE QUE LE BOUDDHISME ?

Le bouddhisme est né en Inde au ve siècle avant l'ère chrétienne. Il a gagné toute l'Asie et, de nos jours, il est pratiqué partout dans le monde. Le bouddhisme ne se fonde pas sur la croyance en un ou plusieurs dieux mais plutôt sur les enseignements de son guide, Bouddha, « l'Éveillé ». Bouddha enseigna à ses disciples comment vaincre la souffrance et le chagrin et les conseilla sur la façon de mener leur vie. En suivant son exemple, les bouddhistes se rapprochent d'un état de conscience élevé, l'Éveil (p. 10), état que Bouddha a lui-même atteint.

Yogis méditant dans diverses positions

ENTRAÎNEMENT SPIRITUEL
Les premiers bouddhistes apprirent les techniques de méditation à travers d'anciennes traditions indiennes, comme le yoga. La méditation est une façon de former, d'apaiser et de purifier son esprit. Souvent, les bouddhistes commencent leur méditation en se concentrant sur leur respiration. Ils ont l'espoir d'atteindre une profonde connaissance de la nature de la vie.

L'hindouisme voit en Bouddha une incarnation du dieu Vishnou.

Statue de Mahavira dans le temple Jaïna d'Adishwarji, à Bombay, en Inde

SUIVRE L'ENSEIGNEMENT DES GUIDES
Du vivant de Bouddha, Mahavira, un autre grand guide religieux, attirait beaucoup de disciples. Il était le guide des Jaïna, qui pensaient que leur croyance avait toujours existé, mais qu'elle venait d'être redécouverte. La popularité de Bouddha et de Mahavira montre qu'à cette époque, l'Inde était un creuset d'idées religieuses.

Indra rend hommage à Bouddha.

Bouddha est assis sur un trône orné de fleurs de lotus.

LE CONSEIL DES DIEUX
A l'époque de Bouddha, en Inde, beaucoup de gens étaient hindous. D'ailleurs, Bouddha est souvent représenté aux côtés de dieux hindous. Brahma, « le créateur », et Indra, « dieu de la pluie et de la guerre », en sont deux principaux. On dit que, au moment où Bouddha parvint à l'Eveil, Brahma et Indra le persuadèrent d'enseigner les vérités qu'il avait apprises. Bouddha savait que la tâche serait rude.

Sculpture représentant Bouddha accompagné d'Indra et de Brahma

LES NOMBREUSES REPRÉSENTATIONS DE BOUDDHA

Les descriptions de Bouddha sont très différentes selon le lieu et l'époque d'origine. Mais toutes parviennent à transmettre la haute estime dans laquelle il était (et est) tenu. Les statues de Bouddha sont souvent grandes et dorées afin de souligner le fait qu'il est un personnage important, digne de vénération.

Livre contemporain comportant des écritures bouddhiques en pali

Moine bouddhiste novice thaïlandais, en position de méditation

Bouddha porte une robe ornée d'un liseré.

Statue contemporaine de Bouddha, en plâtre doré

LES DIVERSES LANGUES DU BOUDDHISME

Les premières écritures étaient réalisées en pali, une langue de l'Inde. Alors que le sanskrit était la langue sacrée dans ce pays à l'époque de Bouddha, ce dernier encourageait ses disciples à utiliser les langues et dialectes locaux. De fait, les écrits bouddhistes se rencontrent principalement sous deux formes : le pali, utilisé dans le bouddhisme Theravada (pp. 20-21), et le sanskrit dans le bouddhisme Mahayana (pp. 24-25). Dans la branche Mahayana peuvent également se rencontrer du tibétain et du chinois.

LES DISCIPLES DE BOUDDHA

Bouddha était un grand prédicateur. Il passa le plus clair de son temps à voyager et à prêcher avec un groupe de disciples dont le nombre augmenta peu à peu. Ils devinrent les premiers moines bouddhistes, et continuèrent à propager la foi. De nos jours, les bouddhistes se rencontrent partout dans le monde, issus de traditions très diverses.

La main gauche de Bouddha est posée sur son giron, un geste de méditation.

La main droite de Bouddha est tournée vers le sol, en un geste qui prend la Terre à témoin (p. 15).

Les jambes de Bouddha sont croisées dans la position du lotus, posture souvent utilisée en méditation.

« J'ai compris tout ce qui devait être compris, là où d'autres ont échoué. C'est pourquoi je suis un bouddha. »

BUDDHACARITA

La Rencontre avec le mendiant

On dit que Bouddha avait les pieds palmés, les chevilles arrondies et les genoux saillants. Ce sont là quelques-unes des 32 marques qui, selon le bouddhisme, distinguent un grand homme (pp. 14-15).

Statue birmane
de Bouddha
enfant

L'ENFANT BOUDDHA
De nombreuses statues du jeune
Siddharta le dépeignent une main
pointée vers le sol, l'autre vers le
ciel. La légende raconte qu'après
sa naissance, Siddharta a fait
sept pas vers les quatre points
cardinaux. Alors, il déclara
que lui seul, sur Terre et dans
le Ciel, était digne d'être
vénéré.

LA VIE ÉTONNANTE DE BOUDDHA

L'homme qui devait devenir Bouddha est né sous le nom de Siddharta Gotama au Ve siècle avant notre ère, dans une région de l'Inde faisant aujourd'hui partie du Népal. Sa famille était issue de l'aristocratie et, selon certains récits, le père de Siddharta était le chef de la tribu des Shakya. Siddharta était donc un prince. Il délaissa pourtant ses privilèges pour partir à la recherche de la vérité sur l'existence humaine et atteindre l'état d'Éveil. Il devait devenir le guide spirituel de l'une des religions les plus anciennes et comptant le plus d'adeptes au monde.

DES SIGNES DE GRANDEUR
Les récits sur la naissance de Siddharta recèlent de nombreux signes prédisant une vie exceptionnelle. Il est né près de Lumbini, dans une clairière au milieu des bois, alors que sa mère allait rendre visite à sa famille. Certains récits affirment que le jeune prince a émergé du flanc de sa mère. On dit aussi que lorsqu'il vint au monde, il était d'une propreté immaculée et qu'il fut tout de suite capable de marcher.

« À sa naissance, il était si beau, si vigoureux,
qu'il donnait l'impression d'être comme le Soleil
descendu sur Terre. »

BUDDHACARITA

La Naissance du bodhisattva

Peinture tibétaine
du XVIIIe siècle
représentant
Bouddha faisant
ses premiers pas

UNE VIE PROTÉGÉE

Peu de temps après la naissance de Siddharta, un saint homme du nom d'Asita lui rendit visite au palais de son père. Asita prédit que Siddharta deviendrait soit un grand prince, soit un grand guide religieux. Le père de Siddharta voulait voir son fils suivre ses traces. Alors, il fit en sorte que Siddharta mène une vie protégée, demeurant la plupart du temps à l'intérieur du palais royal.

L'artiste a donné au palais un aspect chinois.

Peinture tibétaine du XVIIIe siècle montrant Siddharta dans le palais de son père

Des parents pleurent un proche décédé.

Siddharta est confronté à la mort pour la première fois.

Peinture tibétaine du XVIIIe siècle représentant Siddharta regardant un cortège funéraire

PRÊT À GOUVERNER

Le jeune prince Siddharta menait une vie de luxe. Cette peinture chinoise du Xe siècle le représente à cheval accompagné de l'un de ses serviteurs. Le père de Siddharta le protégeait des épreuves de la vie : il ne voulait pas que les pensées du jeune homme le tournent vers la religion. Siddharta épousa une belle jeune femme, Yashodhara. Tout laissait à penser qu'il deviendrait le souverain de son peuple, comme le souhaitait son père.

QUAND LA SOUFFRANCE DU MONDE SE RÉVÈLE

Quand Siddharta sortait du palais, son père donnait l'ordre de dissimuler tout signe de souffrance humaine. Mais un jour, Siddharta aperçut un vieil homme courbé sur sa canne. Le lendemain, il vit un homme malade et le surlendemain, un cortège funèbre. Le jour suivant, Siddharta rencontra un saint homme qui avait atteint un état de sérénité après avoir abandonné toute forme de confort matériel.

Portion d'une frise de la stupa d'Amaravati, dans le sud de l'Inde

Le fidèle serviteur de Siddharta lui fait ses adieux.

Des dieux portent les sabots du cheval de Siddharta afin qu'il ne fasse pas de bruit au moment où il quitte en secret le palais.

Siddharta quitte le palais sur son cheval Kanthaka.

Le prince Siddharta renonce à son cheval.

LA GRANDE DÉCISION

Siddharta prit la décision d'abandonner le confort que lui offrait le palais, ses beaux chevaux et ses attelages, sa femme qui l'aimait et Rahula, son fils qui venait de voir le jour. Il pensait que c'était le seul moyen pour lui de découvrir la vérité sur la souffrance humaine et de parvenir à la même paix de l'esprit que le saint homme qu'il avait rencontré.

LA GRANDE RENONCIATION

Siddharta était venu au monde afin de parvenir à l'Éveil. S'il réussissait, il échapperait au cycle de la souffrance, de la mort et de la renaissance (pp. 16-17) et accéderait à une autre compréhension du sens de la vie et de l'Univers. La quête de Siddharta n'était ni des plus faciles, ni des plus rapides ; il lui fallut essayer plusieurs voies avant de réussir.

Siddharta coupant ses cheveux, peinture tibétaine du XVIIIe siècle

MATÉRIALISME ET VANITÉ

Siddharta se prépara à sa quête spirituelle en abandonnant tout ce qui avait un lien avec son existence matérielle passée. Il rasa ses longs cheveux : en Inde, à cette époque, la chevelure était symbole de vanité.

Démons à tête animale autour de Mara

Mara tient une massue, prêt à attaquer Siddharta.

Statue japonaise du XVIIe siècle représentant Siddharta émacié

Relief représentant un groupe de démons de l'armée de Mara

UNE QUÊTE DIFFICILE

Après avoir étudié avec plusieurs guides spirituels, Siddharta poursuivit seul sa propre quête. Il devint ascète – quelqu'un qui renonce à toute forme de confort – dormant dehors et ne mangeant que très peu. Mais cela ne lui apporta pas les réponses qu'il cherchait.

L'ARMÉE DE MARA

Mara est l'incarnation du désir et de la mort. Il attaqua Siddharta avec son armée de démons et avec l'aide de ses filles, aussi belles qu'elles étaient fourbes. Siddharta en appela à la déesse de la Terre afin qu'elle soit témoin de son mérite (p. 15). Mara et son armée furent mis en déroute.

BOUDDHA L'ÉVEILLÉ

Siddharta médita sous un arbre (appelé de nos jours l'Arbre Bodhi) à Bodh-Gaya, dans le nord de l'Inde. Après trois jours et trois nuits, finalement, il atteignit l'Eveil. Il s'était libéré de la peur de la souffrance et du cycle de la mort et de la renaissance. Il pouvait désormais porter le nom de Bouddha, « l'Eveillé ».

Feuilles provenant d'un descendant de l'Arbre Bodhi

Représentation chinoise de Bouddha méditant sous l'Arbre Bodhi

Triptyque représentant Bouddha accompagné de deux de ses disciples

LES PREMIERS DISCIPLES

Après avoir atteint l'Eveil, Bouddha médita seul pendant plusieurs semaines. Puis il commença à enseigner, et bientôt des disciples comme Sariputta et Moggallana apprirent comment Bouddha avait atteint cet Eveil. Le maître n'avait pu y parvenir ni par le luxe ni par l'ascétisme pur, mais par la Voie du Milieu (pp. 18-19).

*« Son corps ne lui causait aucune peine,
ses yeux ne se fermaient jamais, et il examinait
son propre esprit. Il pensa : "Désormais,
j'ai trouvé la liberté". »*

BUDDHACARITA

L'Éveil

*Le Bouddha demanda à ses disciples
de se montrer sereins car il parvenait à sa dernière mort.*

LE PARINIBBANA, DERNIÈRE MORT DE BOUDDHA

Ayant atteint l'Eveil, c'est-à-dire le degré de conscience suprême, Bouddha n'aurait plus, désormais, besoin de se réincarner pour progresser. Environ 45 années après son éveil vint le moment pour Bouddha du parinibbana, ou passage vers la dernière mort. Les écritures disent qu'il avala de la nourriture empoisonnée. Sachant qu'elle entraînerait la mort, il empêcha les autres d'en manger. Puis il s'allongea sur le côté et il médita jusqu'au moment de sa mort.

Les descriptions de la mort de Bouddha le représentent toujours la tête reposant sur son bras droit.

Démons et animaux pleurent la mort de Bouddha.

PLUSIEURS VIES POUR DEVENIR BOUDDHA

Les enseignements de Bouddha (pp. 16-19) sont transcrits à travers des centaines d'histoires. Nombre d'entre elles concernent ses vies antérieures, celles qui se sont déroulées avant sa naissance en tant que prince Siddharta Gotama. Ces histoires sont appelées Jatakas et font partie des écritures saintes en pali (pp. 20-21). La plupart dépeignent, sous des formes très différentes, le « Bouddha-en-devenir » (pp. 16-17). Dans la plupart des cas, on le voit accomplir une action vertueuse ou un geste de sacrifice, démontrant son caractère d'exception. Chacun de ces gestes est pour lui un pas de plus vers l'état de Bouddha dans ses vies futures.

Ancien pot à vin chinois, en forme de singe

L'OISEAU BODHISATTVA
L'histoire tibétaine intitulée « La loi du Bouddha parmi les oiseaux » ressemble, par sa forme, aux Jatakas. Bodhisattva Avalokiteshvara (p. 27) prit un jour la forme d'un coucou. Après une année de méditation, il enseigna à tous les autres oiseaux qu'ils ne devaient pas se satisfaire du cycle interminable des morts et des renaissances, mais qu'ils devaient apprendre les enseignements du Bouddha.

Les serpents sont souvent représentés avec plusieurs têtes.

Eléphant birman, pièce d'échecs du XVIIIe siècle

UN PONT DE SINGE
« Le Singe Roi » est un conte sur le roi de Bénarès, qui partit un jour à la chasse aux singes. Il vit le roi des singes s'allonger en travers d'une rivière afin de faire un pont pour permettre à sa tribu de s'échapper. Au cours de l'opération, le roi des singes fut blessé dans le dos et ne put s'enfuir avec les siens. Le roi de Bénarès fut si étonné par le sacrifice du singe qu'il soigna les blessures de l'animal.

UN CONTE ÉMOUVANT
« L'Eléphant blanc » est un conte évoquant un bel éléphant blanc qui travaillait pour un roi. Le roi remarqua un jour que l'éléphant était triste. Il lui demanda ce qui n'allait pas. L'éléphant expliqua qu'il voulait retourner dans la forêt afin de prendre soin de sa vieille mère qui était aveugle. Le roi fut si ému qu'il le laissa retourner dans la forêt.

L'ESPRIT DU SERPENT
« Le Roi Serpent » évoque un serpent qui souvent quittait son royaume aquatique afin de jeûner. Un jour, ce serpent fut attrapé par un roi humain. Le serpent montra au roi sa magnifique demeure sous-marine. « Pourquoi veux-tu quitter cet endroit ? » lui demanda le roi. « Parce que je veux me réincarner dans un corps humain et purifier mon esprit », répondit le serpent.

Tête de serpent naja, taillée dans la pierre

UN GRAND SACRIFICE
« La Tigresse affamée » est un autre conte qui évoque le Bouddha dans une de ses vies antérieures. Avec un de ses disciples, il croisa le chemin d'une tigresse affamée sur le point de manger ses propres petits. Le Bouddha-en-devenir renvoya son disciple, puis offrit son propre corps à l'animal affamé. La tigresse et ses petits se délectèrent de sa chair.

Shakra, le « Roi des dieux », est assis dans la posture du bien-être royal.

L'empereur Mandhata est entouré de danseuses.

Représentation, en pierre calcaire de la *Jataka de Mandhata*

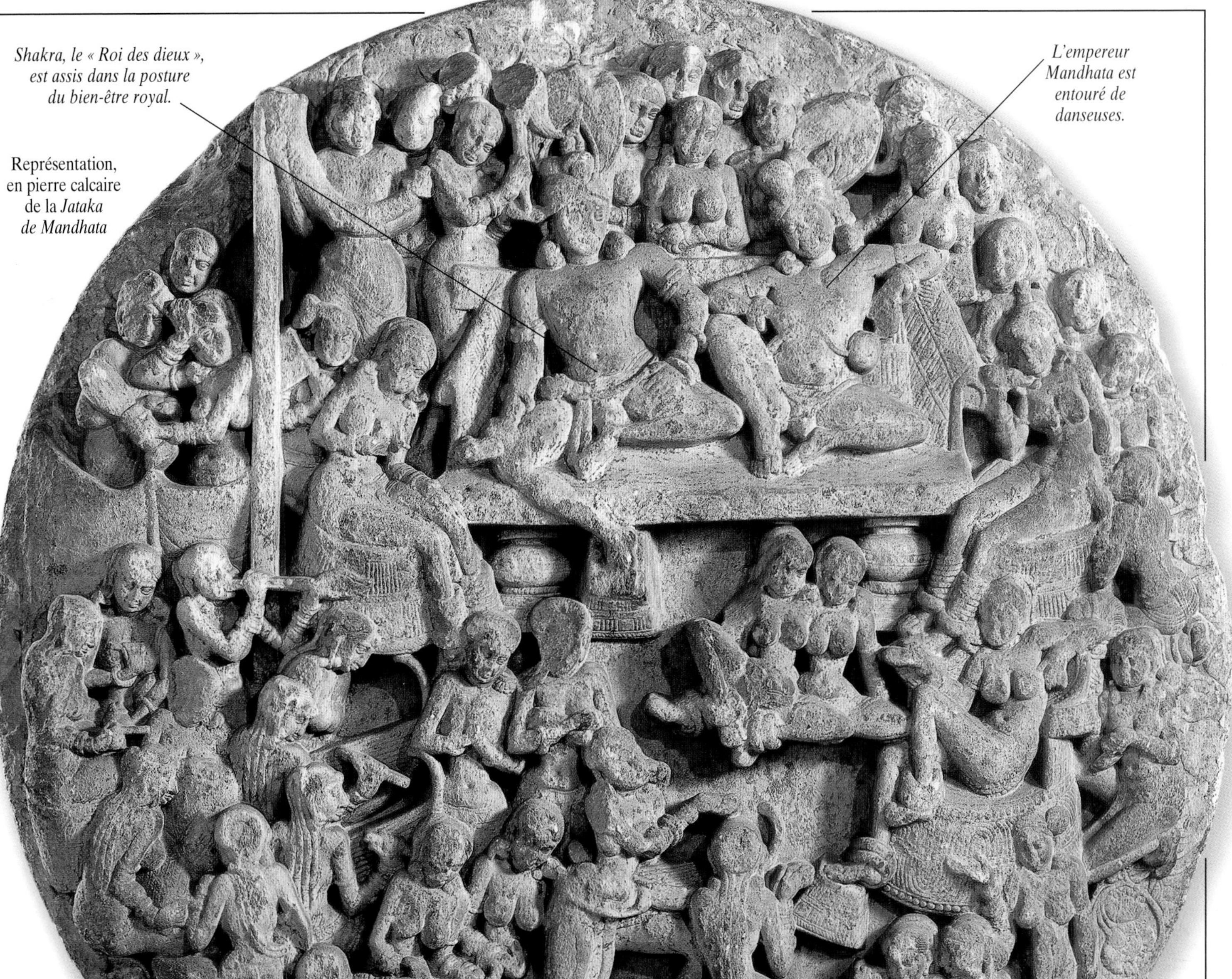

DÉSIR FATAL
L'empereur Mandhata, sujet de la « Jataka de Mandhata », était un grand empereur vivant dans les cieux. Mais il se languissait des plaisirs terrestres. Mandhata retourna sur Terre, mais il vieillit très rapidement et mourut, montrant ainsi que tout désir mène à la souffrance.

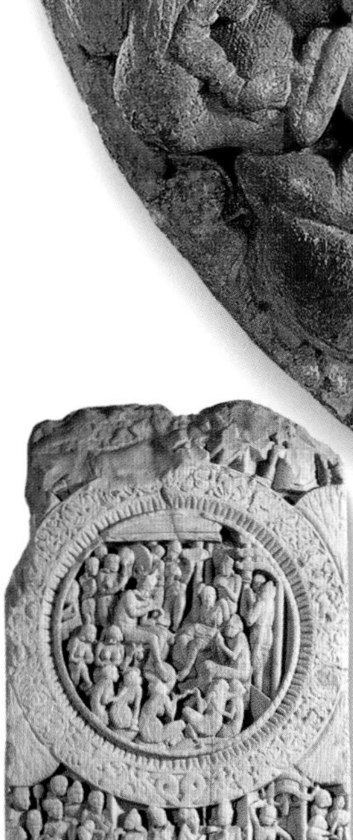

DES CONTES FORMATEURS
Des reliefs sculptés illustrant des Jatakas, tels ceux d'Amaravati, en Inde (représentés ci-contre), se rencontrent dans de nombreuses stupas (pp. 44-45). Ces histoires illustrant des actes altruistes ou vertueux, elles ont toujours été utilisées afin d'enseigner aux hommes la façon de mener leur vie. Bien avant que les gens sachent lire, les moines utilisaient ce genre de sculptures dans leurs leçons.

LE CERF ALTRUISTE
« Le roi et le cerf » évoque un roi qui allait à la chasse. Il était sur le point de tuer une biche qui avait un faon quand un cerf s'interposa pour s'offrir à la place de la biche. Le roi fut ému par la bravoure du cerf et fit le serment de ne plus jamais tuer un animal.

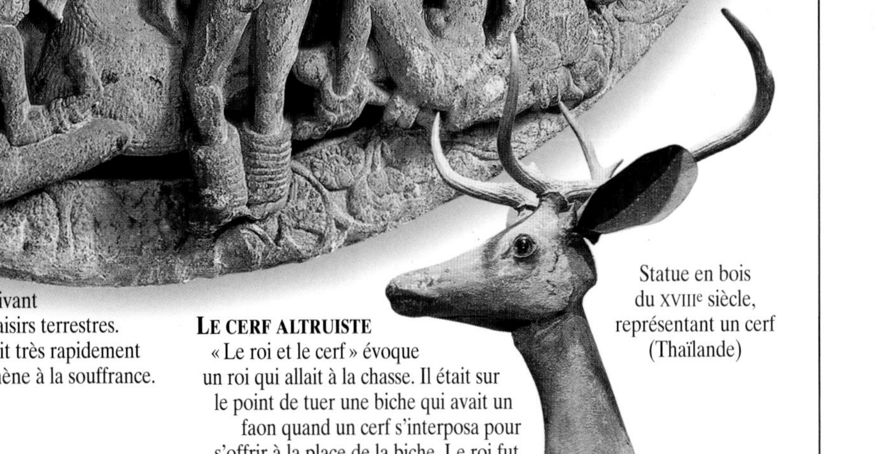

Statue en bois du XVIIIe siècle, représentant un cerf (Thaïlande)

LES MARQUES ET LES GESTES DE LA GRANDEUR

Bien avant la venue de Bouddha sur Terre, les sages indiens professaient que 32 marques distinguaient un grand homme. Bouddha les avait toutes bien qu'elles ne figurent pas toutes réunies sur ses diverses représentations : de la bosse de la sagesse sur la tête jusqu'aux roues d'autorité sous les pieds (p. 43). Chacune de ces 32 marques possède une signification particulière, de même que chacune des poses ou des gestes de la main de Bouddha. Elles symbolisent un aspect de son caractère, un événement ou une activité de sa vie.

Copie de l'une des premières représentations de Bouddha (Birmanie)

Copie du Bouddha de Kamakura (Japon)

LE POUCE ET LES DOIGTS
Dans ce geste, utilisé au cours de la méditation, les paumes des mains sont tournées vers le ciel et les pouces touchent l'extrémité des doigts, formant un triangle aplati, symbole des Trois Joyaux du bouddhisme (p. 19).

La bosse de la sagesse, située au sommet de la tête de Bouddha, ressemble au turban que portaient les dieux et les membres de la famille royale.

L'urna entre les yeux de Bouddha est parfois appelée grain de beauté, parfois le troisième œil.

Bouddha birman protégé par Mucalinda

À L'ABRI DE L'ORAGE
Cette statue représente un événement de la vie de Bouddha. Il méditait sous une pluie torrentielle quand un cobra, du nom de Mucalinda, se lova autour de lui et déploya son capuchon au-dessus de sa tête afin de le protéger de la pluie.

LE VISAGE DE BOUDDHA
Bouddha est habituellement dépeint avec une expression de sérénité ou de retrait, les yeux mi-clos, comme s'il méditait, comme le montre cette statue qui comporte certaines des 32 marques. Bouddha a une « urna » (une tache) entre les yeux et la « bosse de la sagesse ». Il a également des lobes d'oreilles très allongés, symbole de sagesse et de grandeur spirituelle.

14

La coiffe en forme de flamme représente la lumière de la connaissance suprême.

Bouddha thaï en bronze faisant le geste qui prend la Terre à témoin

Bouddha thaï en bois en position de méditation

Bouddha allongé en bois peint (Chine)

DANS L'ATTENTE DE LA MORT

On dit que Bouddha est mort allongé, reposant sur le côté. Dans cette position, il est souvent représenté portant une robe de moine (pp. 48-49). Sa tête repose sur sa main droite tandis que sa main gauche est sur sa hanche. Son expression est généralement sereine.

LES JAMBES CROISÉES

Quand il médite, Bouddha est souvent représenté les jambes croisées, dans la position du demi-lotus, comme on le voit ici. Cette position est utilisée en yoga pour la méditation depuis des centaines d'années.

PLEIN DE BONNES INTENTIONS

Quand il est représenté debout, Bouddha fait souvent ce geste, main droite levée à hauteur de l'épaule. C'est un signe de confiance, mais aussi de bénédiction et d'amitié. Ce geste dit clairement que celui qui le fait ne porte pas d'arme.

L'APPEL À LA DÉESSE DE LA TERRE

On voit ici le geste de la main droite symbolisant le moment où Bouddha toucha le sol lors de son combat contre Mara. Ce geste est un appel à la déesse de la Terre afin qu'elle témoigne du mérite que Bouddha avait acquis dans ses vies antérieures et de la ténacité avec laquelle il résista à l'attaque de Mara.

POUR APAISER L'ÉLÉPHANT

On voit parfois Bouddha les deux mains levées en un geste de confiance et de force. D'après l'une des histoires du bouddhisme, Bouddha fut un jour attaqué par un éléphant en colère. Il concentra alors son pouvoir qui était grand, dans ce simple geste et calma l'animal.

« *Les plantes de ses pieds étaient marquées par des roues [...] ses doigts et ses orteils étaient réunis par des palmures [...] un cercle de doux duvet poussait entre ses sourcils...* »

BUDDHACARITA

La Visite d'Asita

Statue de Bouddha debout dans le geste de confiance et d'amitié, Sri Lanka

15

Les six royaumes de la renaissance de la Roue de la Vie

LES ENSEIGNEMENTS BOUDDHISTES

Les plus importants enseignements de Bouddha comportaient des vérités premières à propos de l'existence et des conseils sur la façon de mener sa vie. Il disait aux hommes que leurs existences s'inscrivaient dans un cycle permanent de naissances, de morts et de réincarnations. Il édicta les Quatre Nobles Vérités (pp. 18-19), qui établissent la somme des souffrances auxquelles la plupart des humains sont confrontés au cours de leur vie. Puis il proposa le moyen d'en finir avec ces souffrances grâce à la Noble Voie Octuple. Cette voie permet de se libérer du cycle des renaissances et de parvenir à l'Éveil.

LE PREMIER SERMON
Après son Éveil, Bouddha se rendit dans un parc peuplé de gazelles, à Sarnath, près de la ville de Bénarès, dans le nord de l'Inde. Là, il expliqua à cinq hommes les vérités qui s'étaient révélées à lui alors qu'il se tenait sous l'Arbre Bodhi et enseigna comment parvenir à l'état d'Éveil appelé nibbana (p. 32).

LA ROUE DE LA LOI
Le sermon que Bouddha a prononcé à Sarnath fut appelé « le premier tour de la Roue de la Loi ». Les enseignements du Bouddha sont également appelés dhamma, ce qui signifie doctrine, vérité ou loi. Les dhamma résument l'essence des idées de Bouddha sur les souffrances humaines et la façon d'y mettre fin.

Main de Bouddha faisant le geste du dhamma, ou geste de l'enseignement

LA ROUE DE LA VIE
Les bouddhistes tibétains représentent le cycle des renaissances par la Roue de la Vie. Celle-ci montre les six royaumes dans lesquels il est possible de renaître. Ce sont les royaumes des dieux, des humains, des animaux, celui des asura (démons belliqueux), celui des esprits affamés et celui de l'Enfer. Autour de la roue, 12 scènes montrent comment le karma influe sur la vie humaine (p. 40).

Copie d'un ornement figurant sur le toit du palais du Potala, à Lhassa (Tibet)

LE CYCLE DE LA RENAISSANCE
Le cycle infini de la renaissance à travers les six royaumes est connu sous le nom de samsara. Les bouddhistes disent que, après la mort d'une personne, celle-ci renaît et qu'un nouvel être est créé. Le nouvel être peut être un animal ou même un dieu. Les bouddhistes ne croient pas dans une âme ou un esprit qui transcenderait l'être ; ils croient au contraire en l'immanence de l'âme et de l'esprit, qui résulte de la nature même de l'être. De fait, pour eux, chaque renaissance est distincte de la vie précédente.

Yama, « Dieu de la Mort », tient la roue entre ses dents.

Les scènes figurant sur le pourtour de la roue illustrent la loi du karma, selon laquelle chaque action et chaque vie sont déterminées par les actions accomplies dans la vie précédente.

Le Ciel, royaume des dieux, le plus élevé des six royaumes, n'est encore qu'une étape sur la voie de l'Éveil.

Le royaume des asuras est un lieu de jalousie et de guerre perpétuelle.

Roue de la Vie, figurant sur une tenture tibétaine

Le royaume des esprits affamés est un lieu de cupidité, de soif, et de faim.

En Enfer, les êtres sont suppliciés.

Un potier façonne son propre destin dans les pots qu'il fabrique : cette métaphore illustre le karma.

Le potier
de la Roue de la Vie

DES ACTIONS JUSTES

« Karma » signifie action ou activité. Le karma est important pour les bouddhistes car il est partie intégrante de la loi de cause et d'effet. Cela signifie que les actions d'une personne – ses pensées, ses mots et ses actes – déterminent sa prochaine naissance. Contrairement aux mauvaises actions, les bonnes actions conduiront à une renaissance plus favorable.

Ce singe se balançant à la branche d'un arbre symbolise l'absence de contrôle sur la conscience.

Les six grandes sections représentent le cycle de mort et de renaissance, correspondant chacune à un royaume.

Dans chaque royaume, un bodhisattva enseigne aux habitants comment évoluer d'une étape vers l'Eveil.

POUR ROMPRE LE CYCLE

Cette tenture chinoise montre le bodhisattva Kshitigarbha, le « Maître des six royaumes de la renaissance ». Les bouddhistes tentent de se libérer du cycle du samsara en parvenant à l'Eveil (le nibbana). Peu d'entre eux y parviennent, mais tous souhaitent une renaissance meilleure : à chaque fin de vie, il faut renaître dans un royaume supérieur et ainsi se rapprocher de plus en plus du nibbana.

Le royaume des humains est important parce que ceux-ci ont le pouvoir de choisir d'emprunter la voie qui mène à l'Eveil.

Les trois animaux figurant au centre représentent trois des principales fautes : la cupidité (le coq), la colère (le serpent), et l'illusion (le porc).

Dans le royaume des animaux, les êtres agissent en fonction de leurs instincts.

17

LA SOUFFRANCE DE LA MALADIE
Cette peinture représente Bouddha aidant un moine malade. Les Quatre Nobles Vérités sont intimement liées aux souffrances humaines. Bouddha a vu les gens souffrir à cause de l'envie de ce qu'ils ne peuvent obtenir, par exemple la vie éternelle, alors que chacun est appelé à mourir.

LA VOIE DU MILIEU
Les Quatre Nobles Vérités, au centre de l'enseignement de Bouddha, sont les suivantes : toute vie est souffrance, la cause de la souffrance est l'envie, la fin de la souffrance vient lorsqu'on se libère de l'envie, et l'on se libère de la souffrance en suivant la Noble Voie Octuple. Pour suivre les conseils de la Noble Voie Octuple, les bouddhistes doivent trouver l'équilibre entre luxe et privation : c'est la Voie du Milieu. Ils ne portent ni vêtements à la mode, ni haillons : ils s'habillent de façon pratique. Ils n'ont ni l'habitude de faire des festins, ni celle de jeûner : ils partagent des repas simples.

Le serpent, symbole de la colère

Le coq, symbole de la cupidité

Le porc, symbole de l'illusion

L'ENVIE PERPÉTUELLE
Les animaux au centre de la Roue de la Vie symbolisent trois grandes fautes qui, selon Bouddha, doivent être surmontées. Ces fautes sont la colère, l'illusion et la cupidité : toutes trois impliquent l'envie. La haine induit l'envie de détruire. Ignorance et cupidité conduisent à l'envie de choses inutiles. Les trois animaux se donnent la chasse en un cercle sans fin, symbole du lien très fort entre ces trois erreurs.

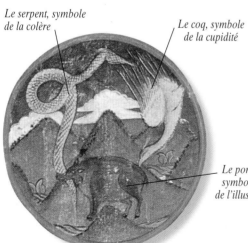

Personnages enlacés, sculpture d'une stupa de Borobudur (Java)

UN ENSEIGNEMENT INSPIRÉ
Cette peinture murale tibétaine montre Bouddha enseignant la Noble Voie Octuple. Cette voie comporte huit principes : la compréhension juste, l'intention juste, la parole juste, l'action juste, les moyens d'existence justes, l'effort juste, l'attention juste et la concentration juste. Elle apprend aux bouddhistes la façon de surmonter la cupidité, la colère et l'illusion, qui conduisent à la souffrance.

LES CONSÉQUENCES DE L'ENVIE
Ces personnages, qui évoluent dans un monde de désir et d'envie, ignorent tout de la Noble Voie Octuple. Les bouddhistes pensent qu'il est important de se libérer de l'envie car elle conduit aux fautes morales, ces fautes qui, à leur tour, peuvent conduire vers une mauvaise renaissance.

Moine novice thaï s'occupant d'un chaton

L'œil est attiré vers le haut, en direction des huit disques qui ornent la spirale.

LE JUSTE TRAVAIL

La forêt de Doi Suthep-Doi, en Thaïlande, est protégée et entretenue par des moines bouddhistes. Les bouddhistes essaient d'observer la Noble Voie Octuple dans leur vie de tous les jours comme dans le travail. Ils évitent les métiers qui seraient source de souffrance pour autrui, comme la boucherie ou le commerce d'armes, et ils essaient de faire en sorte que leur emploi soit profitable aux autres êtres vivants. C'est la conduite juste.

Il est possible que cette stupa miniature ait un jour contenu des reliques de Bouddha.

Pierres en forme de larmes, représentant les Trois Joyaux

DANS LA PAIX ET L'HARMONIE

Bouddha disait que les hommes devaient se conduire de façon bienveillante envers le vivant afin d'encourager l'harmonie dans le monde. C'est l'action juste. Il enseigna à ne pas faire de mal et à ne pas tuer le vivant, à ne pas voler. Les premiers bouddhistes ont renforcé ces conseils de Cinq Préceptes Moraux, destinés à éviter de faire du mal à autrui, de voler, de céder aux mauvaises conduites sexuelles, de mentir, de prendre de la drogue ou de l'alcool.

LES TROIS JOYAUX

Bouddha a décrit trois buts vers lesquels il souhaitait voir les bouddhistes se tourner dans leur tentative de suivre la Noble Voie Octuple. Ces buts, qu'il nomma les Trois Joyaux, sont Bouddha lui-même, son dhamma (ou enseignement) et la communauté monastique, dénommée sangha (pp. 48-51). Chaque fois qu'ils se tournent vers le Triple Refuge (pp. 54-55), les bouddhistes ont les Trois Joyaux à l'esprit. Ces joyaux sont souvent représentés par trois pierres précieuses.

Cette stupa est ornée de représentations de Bouddha.

L'OMNIPRÉSENCE DU HUIT

Les qualités de la Noble Voie Octuple sont souvent représentées sur les flèches des stupas par une série de huit disques. La Roue de la Loi comporte huit barreaux et la stupa de Borobudur est composée de huit niveaux. Cet usage répété du chiffre huit rappelle aux bouddhistes l'importance de la Noble Voie Octuple dont les huit qualités sont d'égale importance. Les bouddhistes visent à toutes les pratiquer en même temps, car elles se renforcent mutuellement.

Bouddha est en position de méditation.

Bouddha touche la Terre de sa main droite.

Modèle de stupa en bronze du IXe siècle

Détail d'un pilier
d'Ashoka, IIIᵉ siècle
avant notre ère,
Sarnath (Inde)

LE BOUDDHISME THERAVADA

Le bouddhisme Theravada est surtout
répandu au Sri Lanka, en Thaïlande, au Laos,
au Cambodge et au Myanmar (ex-Birmanie).
Cette branche du bouddhisme accorde la
plus haute importance au Bouddha et à ses
enseignements, écrits en pali dans les écritures
anciennes. Les sanghas (communautés de
moines) occupent également une position
centrale. Pour les pratiquants, nombreux
de nos jours, du bouddhisme Theravada,
la méditation constitue le chemin qui conduit
à l'Éveil.

Esprits gardiens,
détail de la tenture
du Tipitaka

POUR PROPAGER LA BONNE PAROLE

Cette colonne surmontée
d'un lion est la marque
du grand empereur
bouddhiste Ashoka, qui
régna sur la majeure partie
de l'Inde au IIIᵉ siècle avant
notre ère. Il fit construire
nombre de stupas (pp. 44-45)
et envoya ses disciples
à travers toute l'Inde afin qu'ils
enseignent le dhamma. Ashoka
fit aussi construire d'énormes
colonnes couvertes d'écritures
et de symboles bouddhistes
(pp. 42-43).

*Le Tipitaka est porté
en parade sur le dos
d'un éléphant.*

PRÉCIEUX TIPITAKA

Cette tenture montre une procession au cours de laquelle les écritures pali sont portées
à dos d'éléphant. Les écritures sont connues sous le nom de Tipitaka, ce qui signifie
« Triple Panier » car, à l'origine, les manuscrits étaient transportés dans trois paniers
contenant chacun l'un des trois tomes des écritures : le Vinaya Pitaka, le Sutta Pitaka,
et le Abhidhamma Pitaka.

Écritures birmanes en pali vieilles de 200 ans sur feuilles de palmier reliées par de la corde

C'EST ÉCRIT SUR DES FEUILLES DE PALMIER

Dans le sud et dans le sud-est de l'Asie, il est de tradition de faire figurer les écritures
pali sur des feuilles de palmier pressées. De fines bandes de feuilles sont liées par des
ficelles ou des rubans et protégées par une couverture en bois. Certains disent que le
pali était la langue de Bouddha. C'est un langage parlé, sans écriture propre, et qui
donc peut être transcrit dans le code alphabétique de n'importe quelle langue.

Écritures sur
feuilles de palmier
dans une boîte
en bois fermée
par un ruban
(XXᵉ siècle)

CE QUE DISENT LES LIVRES

Le Vinaya Pitaka, premier des trois tomes des écritures cœurs du Tipitaka, comprend 227 règles auxquelles les moines Theravada doivent se conformer (pp. 48-51). Le deuxième tome, le Sutta Pitaka, contient les enseignements de Bouddha et d'autres écrits (les contes Jatakas par exemple). Le troisième et dernier tome, l'Abhidhamma Pitaka, est composé d'écritures philosophiques sur la vie selon la vision bouddhiste.

PREMIÈRES ÉDITIONS

Pour écrire sur les feuilles de palmier, les scribes qui ont réalisé les premières copies des textes pali utilisaient des stylets en bronze comme celui-ci. D'abord ils préparaient les feuilles en les coupant à la bonne taille. Ils les faisaient ensuite bouillir dans du lait ou de l'eau, puis ils les frottaient afin d'obtenir un fini lisse et blanc. Alors ils utilisaient le stylet pour écrire les textes à l'encre noire. Certaines de ces écritures étaient enluminées et habillées de feuilles d'or.

Écritures du Tipitaka en pali birman sur feuilles de palmier laquées

La statue d'Ananda mesure 7 m de haut.

Ananda, statue géante, à Polonnaruwa (Sri Lanka)

Écritures pali modernes contenant le Dhammapada

IMPRESSIONS D'AUJOURD'HUI

Les écritures modernes sont souvent imprimées sur des cartes comme celles-ci afin d'imiter les anciennes versions sur feuilles de palmier. De nos jours, la partie la plus populaire du Tipitaka est le Dhammapada. Ce florilège de paroles de Bouddha fait partie du Sutta Pitaka. Il foisonne de conseils pour vivre et agir de façon juste, ainsi que pour purifier son esprit. Beaucoup de bouddhistes l'apprennent par cœur.

LE DISCIPLE FAVORI

Ananda, cousin de Bouddha et son disciple favori, fut l'un des premiers arahats (saints bouddhistes). Il atteignit l'Eveil peu de temps après la mort de Bouddha, conséquence de sa grande dévotion au grand prédicateur. Chaque bouddhiste Theravada espère atteindre l'éveil et devenir un arahat.

ET LE BOUDDHISME SE RÉPANDIT

Au IIIᵉ siècle avant notre ère, le bouddhisme se répandit vers le Sud, depuis l'Inde vers l'actuel Sri Lanka. De là, l'histoire de la vie de Bouddha et ses enseignements se colportèrent le long des routes marchandes à travers l'océan Indien pour rejoindre la Birmanie, la Thaïlande, le Cambodge et le Laos. Au fur et à mesure de cette propagation, de magnifiques temples se construisirent dans des villes comme Pagan, en Birmanie, et Angkor, au Cambodge. Le bouddhisme Theravada est resté populaire de nos jours dans ces pays. Ainsi, en Thaïlande, il est suivi par plus de 90 % de la population.

TYPIQUEMENT THAÏ
En Thaïlande, Bouddha est souvent dépeint faisant le geste qui prend la Terre à témoin. Les cheveux très bouclés, la coiffe pointue et les traits fins sont également caractéristiques des statues de Bouddha dans cette partie du monde.

Des centaines de dorures ornent l'habit de velours rouge de l'éléphant.

Bouddhistes en procession religieuse, à Kyaukpadoung, en Birmanie

LE BOUDDHISME BIRMAN
Les processions constituent une part notable des pratiques bouddhistes en Birmanie. Elles remontent au temps où, conséquence des liens étroits avec l'Inde et le Sri Lanka, les dirigeants locaux se convertirent, construisant des temples et prenant part aux cérémonies. La Birmanie est actuellement dirigée par des militaires, mais le peuple reste majoritairement bouddhiste.

Pagode de paix de style birman, à Birmingham, Royaume-Uni

CONSTRUIRE POUR LE MÉRITE
Le bouddhisme Theravada s'est largement répandu. A l'heure actuelle, on trouve de nombreux bâtiments de style birman en Occident, dont le toit est souvent doré. La pagode de Shwedagon, en Birmanie, est le plus grand bâtiment recouvert d'or dans le monde. Les bouddhistes construisent ces monuments dans l'espoir d'accroître leur mérite.

LE TEMPLE DE LA DENT
La plus précieuse relique du Sri Lanka est une dent ayant appartenu au Bouddha, et conservée dans le Temple de la Dent, à Kandy. Au XVIᵉ siècle, les Portugais envahirent le Sri Lanka et déclarèrent avoir détruit la dent. Mais les Sri Lankais firent savoir qu'elle avait été miraculeusement sauvée et ils bâtirent un temple pour la protéger.

UNE FÊTE FANTASTIQUE
Ce garçon et cet éléphant prennent part à l'Esala Perahera, une fête qui se tient chaque année à Kandy, au Sri Lanka, pour honorer la dent de Bouddha. Les festivités durent plusieurs nuits. Le temps fort est une procession au cours de laquelle danseurs, musiciens et éléphants richement caparaçonnés défilent dans les rues. L'un des éléphants porte le reliquaire contenant la dent sacrée.

La couverture décorée de l'éléphant s'appelle un caparaçon.

Bol à aumônes ornementé (Birmanie)

DES DONS GÉNÉREUX
Ce bol à aumônes ornementé (p. 51) comporte un couvercle pointu qui rappelle le toit d'un temple birman. Il est caractéristique des dons somptueux que les bouddhistes font à leurs moines. Les moines vivent simplement, mais les gens espèrent que ces riches cadeaux viendront accroître leur mérite.

Ceux qui prennent part à la procession sont vêtus de blanc.

« *Ces jarres abritent désormais ces reliques aux grandes vertus comme les montagnes leur précieux minerai.* »

BUDDHACARITA

Les Reliques

LE BOUDDHISME MAHAYANA

La branche du bouddhisme appelée Mahayana, ou bouddhisme du Nord, s'est développée dans le courant du Ier siècle de notre ère. Il s'est répandu à travers la Chine, la Mongolie et le Tibet avant d'atteindre le Vietnam, la Corée et le Japon. Certaines pratiques et certaines croyances Mahayana diffèrent de celles des bouddhistes Theravada. Les bouddhistes Mahayana espèrent devenir des bodhisattvas (pp. 26-27). Leur approche de Bouddha et des bodhisattvas est plus dévote. Ils ont également des écrits, appelés sutras, dont certains sont absents dans le bouddhisme Theravada.

Esprit du « Sutra du Diamant »

DES MOTS TRANCHANTS
Cette copie chinoise du « Sutra du Diamant » date de l'an 868. C'est le plus ancien livre imprimé au monde. Comme d'autres écritures Mahayana, le « Sutra du Diamant » fut, à l'origine, rédigé en sanskrit. Le titre de ce Sutra suggère que les mots en sont tranchants comme le diamant pour tailler dans l'ignorance. Le texte est un sermon de Bouddha décrivant un bodhisattva en chemin vers la sagesse.

Plaque d'imprimerie coréenne en bois, VIIe siècle

L'ART D'ÉCRIRE À L'ENVERS
La Corée a développé l'imprimerie afin de produire des copies des écrits Mahayana. Sur des plaques de bois, l'imprimeur devait sculpter les mots de chaque section en écriture inversée. La plaque pouvait ensuite être recouverte d'encre et pressée pour produire une copie du texte.

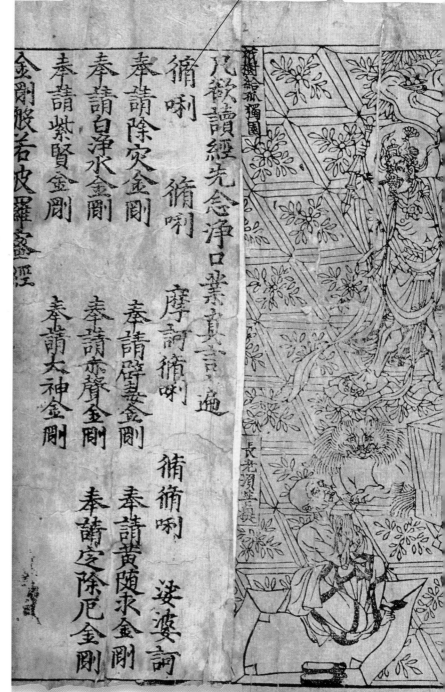

Ce texte est une traduction en chinois du « Sutra du Diamant ».

UN PETIT SUTRA APPRÉCIÉ
Le « Sutra du Cœur » est un écrit court et très populaire. Il est régulièrement récité dans les monastères Mahayana, particulièrement dans les monastères zen au Japon (pp. 38-39). Ce texte est connu sous le nom de « doctrine de la vacuité ». Il y est dit que, pour devenir un bodhisattva, on doit parvenir à l'altruisme à travers la sagesse et la compassion.

Gravure dépeignant l'écriture du « Sutra du Cœur »

De sa main droite, Bouddha fait le geste de l'enseignement.

Couronnés et auréolés, les bodhisattvas écoutent les enseignements de Bouddha.

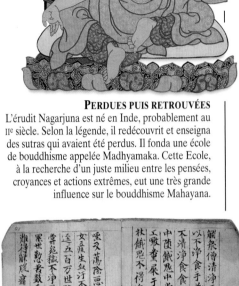

Représentation de Nagarjuna du monastère Ki, à Spiti (Inde)

PERDUES PUIS RETROUVÉES

L'érudit Nagarjuna est né en Inde, probablement au IIe siècle. Selon la légende, il redécouvrit et enseigna des sutras qui avaient été perdus. Il fonda une école de bouddhisme appelée Madhyamaka. Cette Ecole, à la recherche d'un juste milieu entre les pensées, croyances et actions extrêmes, eut une très grande influence sur le bouddhisme Mahayana.

GUIDE ET GARDIEN

Le « Sutra du Lotus », que l'on voit ici sur un manuscrit chinois, décrit Bouddha au paradis accompagné de milliers de fidèles disciples. De là, il veille avec grande compassion sur les gens restés sur Terre. Cette version traduite du sutra original montre que les enseignements de Bouddha se sont répandus avec une certaine facilité à travers le monde.

Sur le torse de Bouddha figure un symbole de chance.

De nombreux moines écoutent Bouddha prononçant pour la première fois le « Sutra du Diamant ».

De riches disciples de Bouddha se sont réunis pour écouter le sermon.

Texte extrait du « Sutra du Lotus » de la Bonne Loi, écrite sur un éventail

IMPORTANTS SUTRAS

Les sutras ont tant d'importance aux yeux des bouddhistes Mahayana qu'on les retrouve souvent écrits sur des objets du quotidien, comme des éventails par exemple. « Sutra » est un mot sanskrit ; c'est le nom donné aux textes qui ont été écrits comme si Bouddha lui-même était en train de les prononcer. Ces textes incluent aussi bien des sutras en pali que des travaux écrits à l'origine en sanskrit mais dont seules les traductions sont restées.

Esprits musiciens appelés Gandharvas, détails du « Sutra du Diamant »

BODHISATTVAS ET AUTRES BOUDDHAS

Il est dit que Siddharta Gotama n'est qu'un bouddha parmi tant d'autres. Avant lui, d'autres ont atteint l'Éveil suprême, et d'autres peuvent y parvenir après lui, et ainsi échapper au cycle des vies, des morts et des renaissances. Les bouddhistes pensent également que certains parviennent à l'Éveil mais retournent ensuite à l'existence ordinaire. Ils meurent et renaissent afin d'aider autrui à atteindre l'Éveil. Ce sont les bodhisattvas. Comme les bouddhas, ils sont vénérés un peu partout dans le monde, particulièrement dans la tradition Mahayana.

ÉVITER LA COLÈRE
Akshobya, dit « l'Imperturbable », évitait les émotions telles que la colère afin de réussir toute tâche qu'il s'assignait. On dit qu'il réside à l'Est, dans un paradis sans démons ni souffrance. Il est l'un des Jinas, ou Bouddhas Cosmiques (p. 30).

La main d'Akshobya touche la Terre, ce qui témoigne de son éveil.

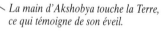

Les mains de Vairocana forment le dhyana mudra, ou geste de méditation.

La main droite de Dipankara fait le signe du dhamma (enseignement).

La main droite d'Amoghasiddhi exprime la confiance et la bénédiction.

La main gauche d'Amoghasiddhi repose sur son giron dans un geste de méditation.

CRÉATEUR DE LUMIÈRE
Le premier des précédents bouddhas s'appelait Dipankara, ce qui signifie « créateur de lumière ». Une Jataka raconte comment Bouddha en personne, dans une vie antérieure, a rencontré Dipankara et comment il fut grandement inspiré par sa sagesse et sa compassion.

SUCCÈS SPIRITUEL
Amoghasiddhi est l'un des Bouddhas Cosmiques. Il est le plus souvent décrit en compagnie de ses semblables. Son nom signifie « celui qui ne travaille jamais en vain » ou encore « celui qui toujours réussit ».

LE BOUDDHA UNIVERSEL
Vairocana est un autre Bouddha Cosmique. Sa description varie en fonction des différentes branches du bouddhisme. Pour les uns, il incarne le « Bouddha historique » ; pour les autres, c'est un être suprême qui incarne l'Univers tout entier.

LE « BOUDDHA FUTUR »

Maitreya, dont le nom signifie « bienveillance » ou « amitié », est considéré comme le « Bouddha futur ». On raconte que dans des milliers d'années, il quittera Tushita, le paradis dans lequel résident les futurs bouddhas. Alors il viendra sur Terre pour être la prochaine incarnation humaine de Bouddha.

Maitreya se tient prêt à franchir le seuil du monde.

PLEIN DE CLÉMENCE

Connu pour sa clémence, Avalokiteshvara est aussi « le protecteur du monde », prêt à renaître sous quelque forme que ce soit afin de sauver les êtres de la souffrance. Dans l'est de l'Asie, Avalokiteshvara est considéré comme une figure féminine, bien qu'il soit vénéré un peu partout dans le monde comme un bodhisattva masculin. En Chine, Avalokiteshvara devient Kuan Yin, « déesse de la clémence » (p. 35).

Tara porte les bijoux et la couronne caractéristiques des bodhisattvas.

LA MÈRE DES BOUDDHAS

Tara (« Etoile ») est aussi « La Salvatrice ». Elle est très vénérée au Tibet et on la considère comme « la mère de tous les bouddhas ». Les Tibétains voient en elle l'ancêtre de leur peuple. Tara peut prendre beaucoup de formes différentes. Les plus connues sont la Blanche Tara, paisible, et la Verte Tara, féroce.

Manjushri tient une épée pour pourfendre l'ignorance.

LE DOUX BÉNI

Le bodhisattva Manjushri, « le doux béni », est connu pour sa sagesse. Au Tibet, on dit parfois des grands prédicateurs qu'ils sont ses incarnations. Souvent considéré comme « le maître de tous les bodhisattvas », on raconte qu'il vit dans un paradis, en haut d'une montagne comportant cinq pics.

VALEURS FAMILIALES
Ces personnages en bois provenant du Tibet
représentent un moine bouddhiste et deux
membres de sa famille. Tandis que le moine
médite, ses parents font tourner les moulins
à prières. Cela montre l'importance des gens
ordinaires dans le bouddhisme tibétain :
tous peuvent parvenir à l'état de bouddha.

LE BOUDDHISME TIBÉTAIN

Une forme distincte de bouddhisme
Mahayana s'est développée au Tibet.
Comme dans d'autres tendances du
Mahayana, les bodhisattvas, en particulier
Tara, « mère de tous les bouddhas », et
Avalokiteshvara, y sont vénérés. Mais,
comme dans le Theravada, une grande
importance est accordée aux moines en tant
que maîtres et érudits. Le bouddhisme tibétain comporte aussi des
spécificités, tels les écrits et pratiques mystiques du
bouddhisme dit tantrique. Quand la Chine communiste
a envahi le Tibet en 1950, de nombreux leaders
bouddhistes quittèrent le pays. Renforcés, la foi et le
bouddhisme tibétains se sont propagés dans le monde.

PRATIQUES ANCIENNES
Cette illustration française du XVIIe siècle
montre un ascète en train de pratiquer la
méditation par le yoga. Dans la version
tibétaine du bouddhisme, la méditation
a une importance particulière. « Gom »,
le mot tibétain pour la désigner,
signifie familiariser l'esprit avec
le spirituel. Les maîtres tibétains
transmettent donc leur
connaissance spirituelle ainsi
que les enseignements de
Bouddha à travers la pratique
de la méditation.

LA PURE ATTENTION
Ce lama tibétain (pp. 30-31) récite un
mantra. Un mantra est un mot ou une
série de mots sans cesse répétés afin
d'aider l'esprit à se concentrer
au cours de la méditation. Tandis que
le lama se focalise sur le ton de
sa voix qui monte et qui descend
et sur la signification des mots qu'il
psalmodie, toutes ses autres pensées
s'évacuent. Il atteint un état de
sérénité et « de pure attention ».

*Tout en psalmodiant,
le lama compte les perles.*

*La robe d'un lama
tibétain est semblable
à celle des autres nonnes
et moines (pp. 48-49).*

CHAPEAU ROUGE, CHAPEAU JAUNE
Dans le bouddhisme tibétain, le monachisme est très important. On dénombre quatre écoles principales : l'Ecole Gelugpa, ou « Chapeaux jaunes », à laquelle appartiennent les moines de cette photo, et les Ecoles Nyingmapa, Kargyupa et Sakya. Dans ces trois dernières, les moines portent des coiffes rouges.

LES PERLES DU BOUDDHISME
De nombreux bouddhistes tibétains portent des perles de prières afin de compter le nombre de fois où ils ont répété un mantra ou le Triple Refuge, (pp. 54-55). La plupart des chapelets sont constitués de 108 perles, qui représentent le nombre de désirs devant être surmontés avant d'atteindre l'Eveil. Certaines perles de prières sont faites des os de saints hommes, ou lamas, décédés.

Perles de prières, faites d'ivoire, de jade, et de bois de santal

Milarepa porte une main à son oreille pour écouter les chansons qu'il a écrites.

Statue en bronze de Milarepa, Tibet, XVIIIe siècle

Milarepa portait de fines robes de coton car le type de méditation qu'il pratiquait générait de la chaleur.

La chaîne lestée d'un poids aide le moulin à tourner.

Couvercle

Sur le rouleau, un mantra est imprimé.

Moulin à prières fermé (à gauche) et ouvert (à droite), montrant sa structure

Le plateau en métal tient le rouleau.

Axe en métal

Pour faire tourner le moulin, on tient habituellement la poignée de la main droite.

LE SAINT CHANTANT
Au début de sa vie, Milarepa était un pécheur. Mais il se mit à regretter ses actions et devint bouddhiste. Il rejoignit Marpa, un sage bouddhiste. Tous deux fondèrent l'école de Kargyupa, et Milarepa devint le plus grand saint du Tibet. Il écrivit des centaines de chants bouddhistes et devint le maître d'autres saints hommes.

« Si vous l'avez mérité [...] une lumière blanche vous guidera jusqu'à l'un des paradis [...] vous connaîtrez le bonheur parmi les dieux. »

LE LIVRE DES MORTS tibétain

Naissance des lumières dans les six lieux de renaissance

PRIÈRES RÉPÉTÉES
Les moulins à prières tibétains contiennent un rouleau de papier sur lequel est écrit plusieurs fois le mantra sacré « Om mani padme hum » (« Salut au joyau dans le lotus »). Lorsque le moulin tourne, le mantra tourne aussi, ce qui le fait se répéter indéfiniment et a pour effet de propager bénédictions et bien-être et d'appeler le boddhisattva Avalokiteshvara.

LES LAMAS TIBÉTAINS

Dans le bouddhisme tibétain, les moines les plus âgés sont appelés lamas (pp. 48-51). Ils ont une parfaite maîtrise de la méditation tibétaine ainsi que des rites qui y sont liés. Les lamas dont le rang est le plus élevé sont les tulkus. On pense qu'ils sont des saints ou des bodhisattvas réincarnés afin d'enseigner et d'aider les gens à suivre la Noble Voie Octuple. Parmi les guides bouddhistes qui ont eu le plus d'adeptes, certains étaient des lamas et des tulkus.

Sa sainteté le 17e Gyalwa Karmapathe, Ógyen Trinley Dorje

DES CENDRES VÉNÉRÉES

Ces médaillons sont faits de cendres de lamas incinérés après leur décès. Ces cendres sont mêlées à de l'argile qui est façonnée en forme de disque puis estampillée à l'effigie du lama. Les lamas sont très respectés parce qu'ils vouent leur vie à la spiritualité.

« Je vous transmets maintenant les profonds enseignements que j'ai moi-même reçus de mon maître et, à travers lui, d'une longue lignée de gourous. »

LIVRE DES MORTS TIBÉTAIN

Préambule

LES ÉLUS

Vers la fin de sa vie terrestre, un lama ou un tulku donne en général des indices afin d'aider ses disciples à trouver le lieu de sa future réincarnation. Après son décès, les moines suivent ces indices jusqu'à ce qu'ils trouvent un enfant qui corresponde à la description donnée. L'enfant qui a été élu – c'est le cas de ce jeune lama – est placé dans un monastère où il commencera une vie d'étude et de spiritualité.

Médaillons d'argile conservant les cendres de lamas tibétains vénérés

Vairocana transforme l'illusion en sagesse.

Ratnasmbhava transforme l'orgueil et la cupidité en sagesse.

Vajrasattva transforme la haine en sagesse.

Amitabha transforme la luxure en sagesse.

Coiffe rituelle d'un lama

LES BOUDDHAS DE SAGESSE

Les coiffes que les lamas portent au cours des rites sont souvent ornées de représentations des Bouddhas Cosmiques du bouddhisme Mahayana. On les nomme aussi « les Bouddhas de sagesse ». Ce sont des personnages très importants : on dit d'eux qu'ils transforment les sentiments négatifs en sagesse. La sagesse ainsi que la compassion sont deux des principaux aspects de l'Eveil.

Le Palais du Potala,
à Lhassa, au Tibet

UN LAMA EN EXIL

En 1937, les moines de Lhassa ont
déclaré que Tenzin Gyatso était le
14e dalaï-lama. Après la prise de
pouvoir par les Chinois, il s'est vu
contraint de quitter le Tibet. Depuis,
il vit en exil, enseignant, écrivant et
militant pour la liberté et la
non-violence. Il est très
vénéré particulièrement
dans sa patrie, le Tibet.

LE PALAIS DU POTALA

Ce vaste palais a été construit pour le dalaï-lama à Lhassa, dans le sud
du Tibet. Le dalaï-lama est à la tête de l'Ecole Gelugpas, une Ecole
de moines tibétains. Au cours du XVIIe siècle, les Gelugpas devinrent
les leaders tant spirituels que politiques du Tibet. En 1950, la Chine
communiste envahit le Tibet, mettant un terme à ce pouvoir.

Ngawang Losang Gyatso
du monastère de Samye,
au Tibet

DE LA MUSIQUE POUR MÉDITER

Ce lama tient une cloche et une sorte
de petit tambour appelé « damaru ».
Les bouddhistes tibétains utilisent
ces instruments pendant les rituels.
Les sons qu'ils produisent appellent
« les bodhisattvas de la sagesse ».
Ils agissent comme une offrande
musicale et appellent à la méditation.

Lama tibétain
en méditation
s'aidant d'une cloche
et d'un tambour

*La poignée de
la cloche est en
forme de vajra
(p. 43).*

LE GRAND CINQUIÈME

Ngawang Losang Gyatso (1617-82), le
5e dalaï-lama, fut le premier lama à
régner sur le Tibet. Il construisit
le Potala et conclut alliance avec les
Mandchous, la dynastie qui régnait
sur la Chine, le pays voisin.
C'était un guide à la fois
puissant et plein
de compassion. Les
Tibétains le surnomment
le Grand Cinquième.

*Le tambour est sculpté
dans du bois et porte un
grand ruban brocardé.*

*On dit que le
son magnifique
de la cloche tire
de l'ignorance
celui qui
l'écoute.*

*Amoghasiddhi
transforme
la jalousie
en sagesse.*

LE BOUDDHISME TANTRIQUE

Cette forme de bouddhisme se fonde sur des textes tibétains appelés tantras. Le tantrisme dit que toutes les pensées, même négatives, font partie de l'essence même de Bouddha : elles constituent le potentiel dont dispose chaque être pour atteindre l'Éveil. Guidés par un gourou, les bouddhistes tantriques apprennent à s'identifier à l'un des Bouddhas Cosmiques, dans l'espoir de parvenir à une profonde connaissance de la nature de Bouddha. Par la méditation et des rites particuliers, ils espèrent atteindre le nibbana plus vite que les autres bouddhistes Mahayana qui, eux, suivent le chemin moins direct des bodhisattvas.

POUR RÉSISTER AU MAL

Hevajra est un avatar (une forme) du Bouddha Cosmique Akshobya. On le voit souvent enlaçant sa compagne, Nairatmya, et piétinant des personnages. Hevajra a cinq têtes et tient de ses seize mains des coupes contenant des dieux, des objets rituels et des animaux. C'est un dieu en colère qui se sert de son aspect terrifiant pour combattre le mal.

Les mains gauches d'Hevajra tiennent plusieurs coupes contenant les dieux des éléments, de l'eau ou de l'air par exemple.

Les mains droites d'Hevajra tiennent une des coupes contenant des animaux.

Bronze du XVIIIe siècle représentant Hevajra et Nairatmya

UN MONDE PARFAIT

Les bouddhistes tantriques utilisent les mandalas, représentations complexes du cosmos bouddhique, pour s'aider dans la méditation et parvenir à l'harmonie avec la nature du Bouddha. Le bouddha Kalachakra se tient assis au centre de ce mandala du XVIIIe siècle, aux côtés de sa compagne, Vishvamata. Ils sont entourés de dieux et de déesses composant un monde parfait. Les bouddhistes tantriques contemplent les mandalas jusqu'à ce que ce monde idéal les absorbe et qu'ils prennent le chemin de l'harmonie en compagnie de Kalachakra.

Au centre se trouvent Kalachakra et Vishvamata.

La deuxième partie contient 64 déesses de la parole, « mères de tous les mantras ».

La troisième partie renferme 360 dieux dans 12 fleurs de lotus.

Les « Maîtres du tantra » figurent autour, sur le bord extérieur du mandala.

La main droite tient un bâton magique.

Padmasambhava, statue tibétaine en bronze doré

La main gauche tient une arme symbolique.

NÉ D'UNE FLEUR
Selon la légende, le moine indien Padmasambhava est né d'une fleur de lotus et était une incarnation du bouddha Amitabha. Il contribua à la conversion des Tibétains au bouddhisme et leur enseigna les rites tantriques. On dit qu'il se servait de pouvoirs surnaturels pour repousser les démons qui empêchaient la propagation du bouddhisme au Tibet.

LIBRE EST LA VOIE
Dans leurs temples, les bouddhistes tantriques, comme ceux que l'on voit ici à Naral, au Japon, déposent des objets tels que des grains dans un feu. Ces objets représentent l'ignorance, les émotions et les pensées qui se dressent sur leur chemin vers l'Eveil. Le feu détruit ces objets symboliques, ce qui aide à ouvrir la voie vers le nibbana.

LES MAÎTRES TANTRIQUES
Les maîtres tantriques guident leurs disciples dans la méditation, en choisissant la méthode et les pratiques correspondant à chacun. Ils enseignent des techniques telles que le contrôle de la respiration, la mémorisation des mantras, l'utilisation des gestes rituels de la main (mudras) et celle des mandalas pour la méditation. Tout cela rapproche les élèves de la nature de Bouddha.

LE BOUDDHISME EN CHINE ET EN CORÉE

Le bouddhisme est arrivé en Chine en passant par l'Asie centrale, et gagna progressivement l'est du pays, jusqu'à la Corée. Il y eut d'abord quelques tensions entre le bouddhisme et d'autres philosophies chinoises établies, comme le confucianisme, mais les croyances apprirent à cohabiter. Elles se sont même associées en une religion locale dans laquelle les bodhisattvas sont des dieux et des déesses capables d'apporter leur aide au quotidien. La Chine a également donné ses propres Écoles de bouddhisme, certaines se fondant sur l'étude approfondie, d'autres sur un cheminement plus simple.

Peinture murale de Hsüan Tsang, temple troglodyte de Mogao, à Dunhuang, en Chine

Lao Tseu, fondateur du taoïsme, enseignait une façon de vivre simple, qui se suffisait à elle-même.

Confucius, fondateur du confucianisme, enseignait le respect d'autrui.

L'enfant Bouddha

PRÊCHEUR ITINÉRANT
Hsüan Tsang est né à Honan, en Chine. En 620, ce bouddhiste devint moine et se lança dans un très long pèlerinage à travers la Chine et l'Inde. Ce périple dura 16 ans et l'emmena en Afghanistan et dans toute l'Inde, où il apprit le sanskrit. Il fut le traducteur de nombreux écrits qu'il ramena en Chine.

CARREFOUR DE RELIGIONS
Dans cette peinture du XVIIIe siècle, un artiste a imaginé ce qui serait advenu si Bouddha s'était rendu en Chine. On y voit deux des penseurs chinois les plus célèbres, Lao Tseu et Confucius, portant l'enfant Bouddha. Ces philosophes avaient des croyances différentes, mais ils respectaient autrui. D'une façon générale, les trois croyances ont bien cohabité en Chine.

POUR CONSERVER LES SUTRAS
Cette boîte laquée du XIIIe siècle, venant de Corée, a été fabriquée pour contenir des sutras. Vers le VIe siècle, le bouddhisme était florissant en Chine. Certains empereurs étaient enthousiastes à l'idée de répandre les enseignements de Bouddha à travers leur vaste empire. Des moines copièrent les sutras et les distribuèrent à travers le pays, ainsi qu'en Corée voisine. Ces précieux manuscrits étaient souvent conservés dans des boîtes magnifiques.

LA CONSOLATRICE

Kuan Yin, avatar chinois du bodhisattva Avalokiteshvara, inspire l'amour dans toute la Chine. Elle est la « déesse de Miséricorde », pleine de compassion, celle qui écoute les cris de ceux qui sont dans la détresse. Beaucoup conservent chez eux une de ses effigies et la considèrent comme celle qui console les malades, ceux qui sont perdus et ceux qui ont peur.

ÉMINENTS LOHANS

Les bouddhistes chinois reconnaissent 18 lohans immortels, c'est-à-dire des saints. Les lohans étaient des disciples de Bouddha. Il leur confia ses enseignements avant son nibbana final. Ces 18 lohans étudièrent en profondeur les lois du bouddhisme et parvinrent tous à l'Eveil.

Statue d'un lohan de la province de Hebei, en Chine

Kuan Yin est souvent représentée avec une couronne, symbole de royauté.

Tête en stuc du bodhisattva Kuan Yin datant du VIIIᵉ ou du IXᵉ siècle.

NETTOYAGE RITUEL

Ces vases du XIIᵉ siècle viennent de Corée. On en trouve de semblables accompagnant les représentations coréennes du bodhisattva Avalokiteshvara. Souvent, les moines répandent des gouttes d'eau au cours des cérémonies pour laver symboliquement les statues et les personnes présentes dans le temple. Les récipients de ce genre sont conservés près de l'autel ou du reliquaire. On les utilise avec un goupillon servant à asperger l'eau fait d'une branche de saule.

LE BOUDDHISME JAPONAIS

Aux environs du VIIᵉ siècle, les voyageurs ont commencé à colporter les idées bouddhistes au Japon, en Chine et en Corée. À cette époque, déjà, de nombreuses Écoles de bouddhisme existaient en Chine, toutes issues de la branche Mahayana. La plupart des Écoles japonaises, tels le Tendai, le Shingon et le Jodo, se fondent sur des formes de bouddhisme originaires de Chine. Il existe toutefois une nouvelle École, le Nichiren Shu, fondée par un moine qui fit ses débuts en tant que disciple du Tendai.

UN BIEN-ÊTRE ROYAL
Au Japon, les diverses tendances du bouddhisme Mahayana sont très répandues. Par conséquent, on voit beaucoup de statues de Bouddha et de temples, tous très différents les uns des autres. Cette statue montre Bouddha dans la position du bien-être royal, ou position de relaxation. Celle-ci suggère l'harmonie et traduit l'état d'Eveil de Bouddha.

LE PARADIS DU PAYS PUR
Amida Bouddha est extrêmement important dans l'Ecole Jodo, également appelée Ecole du Pays Pur. Les bouddhistes Jodo pensent que Amida, « Bouddha de la Lumière Infinie », réside dans un Pays Pur (un paradis) situé à l'Ouest. Pendant de très longues années, Amida a propagé une suprême bonté, et l'on dit que celui qui se tourne vers lui renaîtra au Pays Pur.

Tête d'Amida Bouddha en bois sculpté

LE FEU PURIFICATEUR

Les cérémonies du feu comptent parmi les rites pratiqués par les disciples de l'Ecole Tendai. Ces moines prient durant 1000 jours, ne s'accordant qu'un peu de nourriture et de sommeil chaque jour. Ils considèrent le feu comme un élément purificateur. Certains marchent sur des cendres chaudes afin de démontrer que leur purification spirituelle les protège des blessures.

Rituel de marche sur les braises à Hiroshima, au Japon

POUVOIRS PROTECTEURS

Au Japon, le bodhisattva Avalokiteshvara a pour nom Kannon. Il est vénéré dans les Ecoles Tendai, Shingon, Jodo et d'autres. Kannon peut prendre une apparence masculine ou féminine. Ce bodhisattva est souvent représenté debout sur l'eau, juché sur un poisson ou en compagnie d'autres créatures marines pour rappeler qu'il est le protecteur des marins et des pêcheurs.

Statue dorée de Kannon

Kannon tient une fleur de lotus dorée dans sa main gauche.

UN SANCTUAIRE PARTAGÉ

A Nikko, au centre du Japon, se trouve un magnifique sanctuaire Tendai orné de dieux et d'animaux peints. Pendant des siècles, ce fut un lieu de pèlerinage. Le sanctuaire de Nikko est considéré comme un lieu saint à la fois par les bouddhistes et les shintoïstes (la religion du Japon). De nombreux Japonais pratiquent en effet les deux religions.

Un paon, détail du sanctuaire de Nikko

UN REFUGE DE FOI

Le moine japonais Nichiren, que l'on voit sur ce triptyque utilisant sa foi pour calmer une tempête en mer, s'était voué au « Sutra du Lotus ». Il développa une Ecole de bouddhisme fondée sur l'étude de ce sutra, l'acceptation de ses enseignements et la répétition de cette phrase : « Je trouve refuge dans le merveilleux Sutra du Lotus. »

LE BOUDDHISME ZEN

Une certaine forme de bouddhisme,
le Ch'an, vit le jour en Chine au
VIᵉ siècle. Le moine itinérant Eisai
importa cette École au Japon. Le terme
Ch'an (« méditation » en chinois) devint
le mot « zen » en japonais. Le Zen
a pour caractéristique principale
le recours à la méditation dans le but
de découvrir la nature de Bouddha,
présente en tout être et en toute chose.
L'enseignement du Zen se fait de façon
particulière, à partir d'énigmes et de
petites histoires qui contribuent à faire
comprendre la nature de Bouddha.

MARATHON MÉDITATIF

Le moine indien Bodhidharma (à droite)) est considéré comme le
fondateur du bouddhisme Ch'an. Il voyagea en Chine pour répandre
les enseignements de Bouddha et montrer aux gens comment
méditer. La légende raconte que Bodhidharma médita dans la
position du lotus durant neuf années et perdit l'usage de ses jambes.

ENTOURÉ PAR LA BEAUTÉ

Les moines Zen, comme celui dépeint sur cette peinture sur soie
japonaise, voient la beauté et la nature de Bouddha dans tout
ce qui les entoure. Ils passent beaucoup de temps à méditer afin
de favoriser la clarté naturelle de l'esprit et de se rapprocher
de cette omniprésente nature de Bouddha.

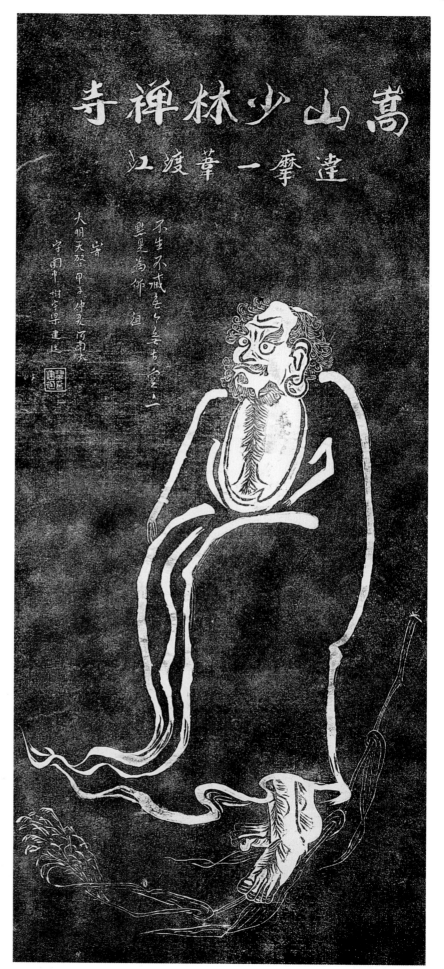

PLONGÉS DANS L'ABSTRACTION

Les temples des bouddhistes Zen, et parfois aussi leurs habitations, comportent des jardins minéraux dans lesquels des pierres sont disposées et des motifs abstraits sont dessinés dans le sable à l'aide d'un râteau. Une atmosphère de sérénité s'en dégage, idéale pour la méditation. Selon Bodhidharma, ils permettent aux moines bouddhistes « de contempler leur propre nature de l'intérieur » et peut-être d'atteindre l'état de Bouddha.

« Ceux qui pratiquent la méditation ne serait-ce qu'une fois détruisent un nombre incalculable de péchés accumulés : comment pourraient-ils suivre de mauvaises voies ? »

CHANT DE MÉDITATION D'HAKUNI

Méditation Zen

Le temple jardin Daitoku-ji, à Kyoto, au Japon

L'ART DE L'ÉCRITURE

Aux yeux des Chinois, la calligraphie (du grec *kallos*, beauté, et *graphein*, écrire) est un art à part entière pratiqué de longue date. Au Japon également, les érudits Zen prennent cet art très au sérieux. Alors même qu'ils sont en train de le tracer, ils se concentrent sur la beauté de chaque idéogramme pour le rendre le plus fidèle possible à la nature de l'objet ou de l'action qu'ils dépeignent.

Cet idéogramme se lit « kokoro » et signifie « le cœur ».

Le temple Zen Fukusai-ji, à Nagasaki, au Japon

DESIGN INTÉRIEUR

L'intérieur de ce temple situé à Kyoto, au Japon, est typique du style zen. Il est simple, spacieux, décoré de scènes naturelles peintes. Des coussins sont disposés pour que les moines s'y assoient pendant qu'ils écoutent les enseignements. On note également la présence d'instruments de musique, tels de larges gongs utilisés au cours des cérémonies.

PROTÉGÉ PAR UNE TORTUE

Une représentation populaire du bodhisattva Kannon le montre debout sur le dos d'une tortue. C'est pourquoi ce temple Zen, édifié en 1979, a été construit avec un toit en forme de carapace de tortue. La tête de l'animal jaillit au-dessus de la porte et la statue de Kannon domine le toit. Il s'agit d'une version moderne des bâtiments Zen traditionnels, souvent caractérisés par des toits larges et incurvés.

DIEUX ET DÉMONS : LE COSMOS BOUDDHISTE

Le bouddhisme prit naissance en Inde parmi des gens qui croyaient en de nombreux dieux et démons différents. Bouddha énonça qu'il s'agissait d'êtres pris dans le cycle des naissances, des morts et des renaissances, tout comme les humains. Ces entités surnaturelles sont très diverses, allant des dieux vivant dans les cieux aux démons du royaume de l'Enfer, situés tout en bas dans la Roue de la Vie. Certains bouddhistes pensent que tous ces êtres ont la capacité d'exercer une influence sur le monde ; ils vénèrent les dieux dans l'espoir qu'ils les aident dans leur vie quotidienne.

DIEUX DE SABLE
Ces moines tibétains dessinent un mandala au moyen de sables de différentes couleurs. Chaque mandala de sable est destiné à un rituel spécifique ; il est ensuite détruit. Les mandalas sont des images complexes de l'univers bouddhiste. Des centaines de dieux et de déesses y sont représentés, dans des dessins très élaborés.

L'être protecteur ressemble à Yama, celui qui tient la Roue de la Vie.

DÉMONS INTÉRIEURS
Dans la tradition bouddhiste, les asuras sont d'effroyables démons portant des armes et combattant les dieux. Certains bouddhistes pensent qu'il faut craindre leurs forces et portent des objets, comme cette amulette, afin de s'en protéger. D'autres voient ces démons comme des représentations des sentiments négatifs que nous avons tous, et que nous devons surmonter.

Amulette tibétaine
ornée de bijoux

Un bodhisattva porte la lumière de l'espoir.

Royaume du désir et de la possession

LA VIE TERRESTRE
Les 12 scènes que l'on voit sur le pourtour d'une Roue de la Vie évoquent les aspects de la vie terrestre. Elles montrent des personnages figurant différents traits de caractère. Ainsi, un aveugle symbolise l'ignorance ; un homme volant des fruits représente le désir et la possession. Beaucoup de bouddhistes se tournent vers les dieux pour leur demander leur aide pour gérer les difficultés de la vie terrestre.

GARDER L'ESPOIR EN ENFER
Ce détail extrait d'une Roue de la Vie dépeint l'Enfer : le plus bas des six royaumes de renaissance. C'est un lieu de tourment où les êtres sont torturés à la fois dans un froid glacial et dans une chaleur écrasante. Au milieu de la peur et de la colère qui règnent dans ce royaume de démons se tient un bodhisattva. Il prêche un message d'espoir, symbolisé par la lumière produite par la flamme qu'il porte.

LE SEIGNEUR DE LA MORT

Certaines représentations de l'ancien dieu indien Yama le dépeignent chevauchant un taureau. Sur d'autres, il a lui-même une tête de taureau. Dans la culture bouddhiste, Yama est assimilé au « seigneur de la Mort », au « roi de l'Enfer », et au « protecteur de la Loi bouddhiste ». Selon certaines traditions, c'est lui qui juge les morts et les dirige vers le royaume où ils doivent renaître.

Yama, gravure du XVIIᵉ siècle

BIENHEUREUX DANS LES CIEUX

Cette partie de la Roue de la Vie dépeint le royaume des dieux, ou Paradis, où tout le monde est heureux. Arbres et fleurs s'y épanouissent ; palais et stupas (pp. 44-45) y sont magnifiques. Au centre, un bodhisattva tient un luth. Il rappelle aux dieux que lorsque leur bon karma sera achevé, ils devront renaître dans un royaume inférieur.

ESPRITS DE LA NATURE

Vieux d'un siècle, ce livre dépliant birman montre la diversité des formes que peuvent prendre les êtres démoniaques, les « nats ». Ces êtres surnaturels sont des esprits de la nature dont l'histoire est très ancienne en Birmanie. Comme les déesses et les dieux indiens, les nats ont été intégrés à la foi bouddhiste locale.

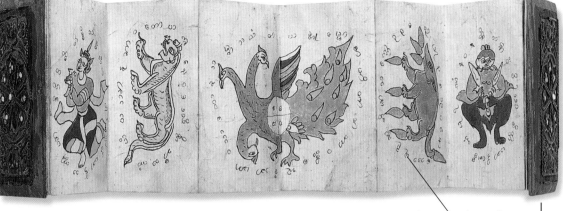

Autour des nats figurent des mantras guérisseurs écrits en birman.

Indra voyage sur le dos d'un éléphant blanc, moyen de transport digne d'un souverain.

Indra, « Roi des dieux », peinture indienne du XIᵉ siècle

SOUVERAIN DES DIEUX

Dans l'hindouisme, Indra est le « Roi des dieux ». Il a une place similaire parmi les dieux et déesses du Paradis bouddhiste. Indra est aussi connu sous le nom de Shakra, « le Tout-Puissant ». Certains sutras le nomment Vajrapani. C'est un fidèle gardien de Bouddha.

LA VOIX DE BOUDDHA

En Inde, il est de tradition de souffler dans une conque comme dans une corne, afin de sonner l'appel aux réunions. Le son, très grave et portant sur de longues distances, symbolise la voix de Bouddha et la façon dont ses enseignements se propagent dans le monde.

Vase chinois émaillé ayant la forme de deux poissons

POISSONS FÉCONDS

La progéniture des poissons se compte par milliers. Aussi, le bouddhisme considère ces créatures comme des symboles de fécondité. Souvent, ils sont dorés, représentés par deux, et placés tête contre tête. D'ailleurs, le poisson figure en bonne place parmi les Huit Symboles de Bon Augure, aux côtés de l'ombrelle, du vase à trésor, du lotus, de la conque, du noeud, du drapeau et de la roue.

LES SYMBOLES DU BOUDDHISME

À ses débuts, le bouddhisme faisait souvent usage de symboles à la place d'images plus complexes. Ainsi, un trône vide pouvait figurer la présence de Bouddha ; le dessin simplifié d'un Arbre Bodhi pouvait représenter le moment de son Éveil. Par la suite, les symboles se sont retrouvés dans l'art, les objets et les bâtiments. Certains sont issus du monde naturel. D'autres peuvent être des objets rituels ou associés à la vie de Bouddha, ou encore des symboles adaptés d'autres croyances et d'autres traditions.

Le nœud symbolise l'infinie sagesse de Bouddha.

MAJESTUEUX ÉLÉPHANT

L'éléphant est l'un des animaux qui apparaissent régulièrement dans l'art bouddhiste. Cette créature calme et puissante résume la paisible majesté à laquelle aspirent les bouddhistes. Un éléphant blanc, animal rare, fait même une apparition dans l'histoire de la conception de Bouddha. D'autres animaux figurent au centre de la Roue de la Vie ou comme gardiens des temples.

PRÉCIEUSES EMPREINTES

Avant de mourir, Bouddha se dressa face au sud sur un rocher, à Kushinagara, au Népal. On dit que lorsqu'il quitta les lieux, il laissa l'empreinte de ses pieds dans la pierre. Depuis lors, ces empreintes sont les symboles de sa présence sur Terre. On en voit la représentation dans de nombreux temples, où elles sont traitées avec grande révérence. Elles sont elles-mêmes souvent couvertes d'autres symboles bouddhistes.

Des orteils longs, étroits et tous de même taille sont considérés comme l'une des 32 marques qui distinguent un grand homme.

La swastika est un ancien symbole de bonne fortune en Inde.

Empreinte gravée dans la pierre, à la stupa d'Amaravati, dans le sud de l'Inde

42

Autour des empreintes figure un cadre de fleurs de lotus entrelacées.

La Roue de l'Autorité, qui peut comporter jusqu'à 1 000 rayons, symbolise le Bouddha en tant que « Souverain du Dhamma ».

Ce symbole à trois pointes représente le Triple Joyau.

Lion gardant l'entrée d'un temple à Birmingham, au Royaume-Uni

À L'ASSAUT DU CIEL

Le lotus est un symbole d'épanouissement spirituel. Il pousse dans de l'eau boueuse mais ses tiges et fleurs montent vers le soleil comme vers le nibbana. Le Bouddha est souvent représenté assis sur un trône fait de pétales de lotus, et l'on apporte souvent les fleurs en offrande dans les lieux saints bouddhistes (pp. 52-53).

AVEC DES LIONS POUR GARDIENS

En se propageant dans le monde, le bouddhisme a adopté les symboles des lieux où il s'enracinait. Les statues de lion gardant les temples étaient à l'origine une tradition chinoise. On les retrouve aujourd'hui à l'entrée de nombreux temples bouddhistes.

PROTECTION ET POUVOIR

À l'époque de Bouddha, les membres de la famille royale se protégeaient de la pluie et du soleil par des ombrelles que tenaient des serviteurs. L'ombrelle devint donc symbole de protection mais aussi du pouvoir spirituel de Bouddha. Les stupas sont souvent surmontées d'épis de faîtage en forme d'ombrelles (pp. 44-45).

Cette ombrelle est faite de papier doré orné de fils colorés.

Ombrelle bouddhiste contemporaine, utilisée lors des processions

ARME SPIRITUELLE

Signifiant tout à la fois « diamant » et « coup de foudre », le vajra est une arme symbolique. On dit qu'il est capable de trancher toute substance. Il est le symbole, particulièrement au Tibet, du pouvoir spirituel capable de pourfendre l'ignorance. Certains bouddhistes tiennent le vajra d'une main et une cloche de l'autre pendant qu'ils récitent les mantras.

Cloche tibétaine

Poignée en forme de vajra

Vajra tibétain

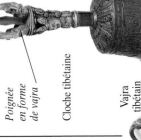

STUPAS ET PAGODES

Après la mort de Bouddha, son corps fut incinéré et ses cendres divisées puis enterrées en différents endroits de l'Inde. À l'emplacement de chaque sépulture, on construisit une stupa, vaste édifice en forme de dôme. Beaucoup d'autres stupas furent bâties par la suite, abritant, pour certaines, les reliques de saints bouddhistes, pour d'autres des copies d'écritures. Nombre d'entre elles furent ornées de pierres sculptées, avec une entrée très travaillée.

Rapidement, elles devinrent des lieux de pèlerinages très fréquentés (p. 54). En Chine, au Japon et dans une partie du Sud-Est asiatique, de grands édifices appelés pagodes se sont développés à partir du modèle des stupas.

OBJETS DE CULTE
Dans les habitations, des stupas miniatures servent aux dévotions personnelles. Quand ils visitent de véritables stupas, les bouddhistes en font le tour à pied en signe de respect pour les reliques qui y sont conservées.

RUINES MAJEURES
La première stupa construite à Sarnath, près de Bénarès, pour marquer l'endroit où Bouddha fit son premier sermon, avait été édifiée par le grand empereur indien Ashoka au IIIe siècle avant notre ère. Celle que l'on y voit aujourd'hui (ci-contre) date du Ve siècle. Le dôme de couverture a disparu mais les murs inférieurs incurvés restent intacts.

Le revêtement de pierres et l'entrée sont postérieurs à l'époque d'Ashoka.

Une rangée de piliers, appelée « ayaka », domine l'entrée par laquelle les pèlerins pénètrent dans la stupa.

L'entrée est gardée par des lions.

Un homme jeune et riche s'est rendu à la stupa afin d'y faire une offrande.

GRAVÉ DANS LA PIERRE
Ce bloc de pierre sculptée décorait une stupa à Nagarjunakonda, au sud de l'Inde. On y voit une stupa ornée de symboles et de scènes extraites de contes bouddhistes. Face à l'entrée, se tient un jeune homme – peut-être un prince – accompagné de plusieurs personnes. Il lève la main en signe d'offrande à Bouddha. Ce faisant, il accroît son mérite.

POUR S'AMENDER
Cette stupa, située à Sanchi en Inde, sur l'emplacement de l'un des premiers monastères, fut également édifiée par l'empereur Ashoka. Celui-ci devint bouddhiste à la suite d'une bataille au cours de laquelle des milliers d'hommes furent tués. Ashoka voulut s'amender de cette violence. Il se dévoua à la propagation du bouddhisme et érigea des milliers de stupas et de lieux saints.

Le temple de Borobudur, illustration du XIXᵉ siècle

STUPA SUPERLATIVE

Le célèbre temple de Borobudur, à Java, est une énorme stupa. Les étages inférieurs sont richement décorés de reliefs sculptés représentant des scènes de la vie de Bouddha. Les étages supérieurs sont plus simples et renferment une série de petites stupas, contenant chacune une statue de Bouddha.

L'épi de faîtage en forme d'ombrelle symbolise la royauté et représente l'autorité spirituelle de Bouddha.

« *Là, avec les cérémonies appropriées, ils érigèrent dans leurs capitales des stupas pour les reliques du Bouddha.* »

BUDDHACARITA

Les Reliques

Des esprits offrent à Bouddha des guirlandes de fleurs.

Une sculpture de Bouddha marque le centre de la stupa.

Gravure d'une pagode chinoise

BELLES ET ÉLANCÉES

En Chine, au Japon et en Corée, les reliques bouddhistes sont abritées dans des pagodes. Les pagodes chinoises et coréennes sont habituellement construites en pierres ou en briques ; au Japon, elles sont en bois. A l'intérieur, un long pilier relie la base du bâtiment, où les reliques sont enterrées, à son sommet. Les pagodes sont des édifices étonnants. Elles sont souvent très hautes et leurs toits ornés présentent des angles délicatement recourbés.

LES MILLE FACETTES DES TEMPLES BOUDDHISTES

Les temples bouddhistes abritent tous des statues de Bouddha. Ce sont des lieux de rassemblement et d'offrandes, mais aussi de dévotion et de pèlerinage. Leur forme et leur taille varient considérablement. Certains sont plutôt petits, ne comportant qu'une entrée et une chapelle. D'autres sont d'énormes complexes qui, souvent, prennent la forme de plusieurs stupas contenant des reliques. Ils sont parfois très simples, sans ornements. Mais il en est, tels le temple de Mahabodhi, à Bodh-Gaya, ou ceux situés sur la Route de la Soie, en Asie centrale, qui sont richement décorés de sculptures et de peintures magnifiques.

LES MURS ONT DES YEUX
Au-dessus de l'une des entrées du temple de Baiju, à Gyantse, au Tibet, figure une peinture murale représentant les yeux de Bouddha et l'urna (le « troisième œil ») entre ses sourcils. Mi-clos, ils semblent veiller sur ceux qui pénètrent dans le temple tout en suggérant un état de profonde méditation.

Le temple de Mahabodhi, à Bodh-Gaya, en Inde

La tour principale est couverte de minutieuses sculptures.

LE TEMPLE PRÈS DE L'ARBRE
Le temple de Mahabodhi, situé à Bodh-Gaya, est l'une des plus importantes destinations de pèlerinage bouddhistes. Il marque l'endroit où Bouddha a atteint l'Eveil. Sa construction commença au IIIe siècle avant notre ère, à proximité d'un arbre dont on pense qu'il est le descendant de celui sous lequel Bouddha méditait. Ce vaste complexe tombé en ruine entre les XIIIe et XIXe siècles fut finalement restauré et agrandi par des moines et des pèlerins.

Les petites stupas reproduisent la forme de la grande tour.

Certaines de ces petites stupas contiennent les cendres de pèlerins morts à Bodh-Gaya.

46

LES VISAGES D'ANGKOR

Le Bayon, à Angkor, au Cambodge, est un magnifique temple édifié par le roi khmer Jayavarman VII, qui régna de 1181 à 1219. On dit que ces énormes visages sculptés dans les murs du Bayon représentent le bodhisattva Avalokiteshvara, mais il est possible que leurs traits aient été empruntés à Jayavarman lui-même.

TAILLÉS DANS LA ROCHE

A Ellora, dans le nord-ouest du Deccan, une province du centre de l'Inde, plus d'une trentaine de temples ont été creusés dans les falaises des environs. Les hommes ont excavé des tonnes de rochers pour créer de vastes salles et des chapelles. Piliers, statues et voûtes ont été sculptés dans la roche de ces temples troglodytes.

Vajravira brandit un bâton.

Le corps de Vajravira est protégé par une armure dorée.

Statue de Vajravira du temple de Taiyuin-byo, dans le nord de l'île japonaise de Honshu

UNE RIVIÈRE À FRANCHIR

Murs et toit de ce petit temple, situé à Ayuthaya, en Thaïlande, se reflètent dans la rivière qui coule à proximité. Outre qu'elle rehausse la beauté du cadre, l'eau est un symbole important. Les bouddhistes, en effet, utilisent parfois l'expression « franchir la rivière » pour parler du passage qui mène de ce monde de souffrance vers le chemin de l'Eveil.

LE PROTECTEUR VERT

Ce personnage, Vajravira, est l'un des Quatre Rois Gardiens. Dans les temples japonais en particulier, ces rois gardent les entrées ou les châsses. Ce sont les protecteurs des quatre points cardinaux. On les dépeint en général sous les traits de guerriers portant armure, brandissant des armes et piétinant les démons. Vajravira protège l'ouest et se reconnaît à sa peau verte.

Ce détail s'appelle un cho fa (« houppe d'air »).

Les rebords du toit sont sculptés.

> « Une fois que tu auras accompli les actes d'adoration, l'aide viendra des anges gardiens. »
>
> BYA CHOS
>
> La Loi de Bouddha parmi les Oiseaux

UN PEU D'ORIENT EN OCCIDENT

Le style de ce temple bouddhiste de Grande-Bretagne est nettement influencé par l'architecture du Sud-Est asiatique, comme beaucoup d'autres en Occident. Les toits pentus, les fenêtres pointues et les détails sculptés donnent au bâtiment une apparence nettement orientale. On dit que les « cho fa » (voir illustration) sont des représentations simplifiées de l'oiseau Garuda, un dieu hindou qui préservait du Mal.

MOINES ET NONNES BOUDDHISTES

Certains bouddhistes rejoignent les communautés monacales appelées sanghas. Dès lors, ils vouent leur vie à l'étude et à la diffusion des enseignements de Bouddha. L'entrée dans une sangha est marquée par une cérémonie d'ordination au cours de laquelle ils font la promesse d'observer les règles de la dévotion au bouddhisme à travers tous leurs actes. Moines et nonnes bouddhistes mènent une vie fondée sur la simplicité. Ils portent des robes unies, se rasent la tête, étudient et méditent.

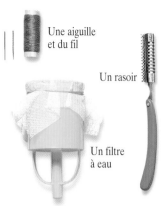

Une aiguille et du fil

Un rasoir

Un filtre à eau

Un bol à aumônes

Couvercle du bol à aumônes utilisé comme assiette

LES 8 OBJETS DU MOINE POUR UNE VIE D'ASCÈSE

Les moines bouddhistes ne sont autorisés à posséder que très peu de choses. Parmi les objets de base figurent des robes, un bol pour les aumônes, et des médicaments pour se soigner, leur propre rasoir, une aiguille et du fil pour réparer leurs robes, une ceinture et une passoire pour filtrer les insectes de leur eau de boisson.

LA PLACE DES FEMMES

Dans toutes les branches du bouddhisme, les femmes, comme cette nonne tibétaine, ont la possibilité d'être ordonnées et de devenir membres des sanghas. Certaines deviennent même de grands guides spirituels. Cependant, l'ordination des femmes est peu courante dans le bouddhisme Theravada.

Robe inférieure, portée autour des hanches

Haut de robe, porté sur les épaules

Robe d'extérieur, portée lors des voyages et pour dormir

Ceinture

UNE COULEUR COMMUNE

A l'origine, les robes des moines sont de couleur safran (un jaune orangé), comme le montre cette peinture murale thaïlandaise. Cette tradition remonterait à l'époque de la fondation de la sangha par Bouddha. Avec ses adeptes, ils fabriquèrent leurs robes en cousant ensemble des morceaux de tissus et en les teignant tous de la même couleur.

LE MOINE ET SON HABIT

Un moine bouddhiste a droit à trois robes faites d'une étoffe uniformément colorée. Leur teinte varie en fonction de la branche du bouddhisme à laquelle il appartient. Dans la tradition Theravada, elles sont jaunes ou orange. Les moines tibétains les portent rouge-brun et celles des moines Zen sont noires.

*Moines et novices
se rasent le crâne.*

*Le haut de robe
ne couvre que
l'épaule gauche.*

*Moine novice
thaï dans
sa hutte*

ALORS, SOYONS HEUREUX
Aux premiers temps du
buddhisme, beaucoup de
moines vivaient dans des grottes
ou d'autres abris tout aussi
modestes. Ils passaient le plus
clair de leur temps à voyager de
place en place. De nos jours,
ils occupent généralement les
monastères, mais continuent
d'y mener des existences
simples. Car comme on le lit
dans les écritures : « Alors,
soyons heureux, nous qui ne
possédons rien. » Et la vie d'un
moine doit être une vie
d'accomplissement.

*Le haut de robe est
fermement noué
autour du corps.*

*Ces robes sont en coton mais
les écritures autorisent l'emploi
d'autres fibres végétales.*

*Les robes sont
traditionnellement teintes
à l'aide de pigments tirés
de l'argile, de plantes telles
que le safran et d'autres
matières naturelles.*

LA VIE DANS UN MONASTÈRE
Dès l'âge de sept ou huit ans, les garçons
peuvent entrer comme novices dans un
monastère. Ils apprennent le dhamma et
peuvent être ordonnés moines à la fin de leur
adolescence. Tous ne restent pas leur vie entière
dans les monastères. Certains jeunes hommes n'y
séjournent que quelques années, voire quelques
semaines. Pendant ce temps, ils reçoivent une
éducation et gagnent en mérite. D'autres
bouddhistes dédient leur vie entière à la sangha.

*Moine
bouddhiste
thaï en
compagnie de
deux novices*

*Par tradition, moines et
novices marchent pieds nus.*

LA VIE MONASTIQUE

Moines et nonnes bouddhistes s'engagent à respecter plus de 200 règles qui touchent à tous les aspects de leur vie, depuis leurs relations avec autrui jusqu'aux vêtements qu'ils portent et à leur nourriture. En s'installant dans les monastères, ils abandonnent toute vie sexuelle, et pratiquent la méditation. Mais ils ne restent pas coupés du monde pour autant. Outre l'enseignement qu'ils dispensent, certains membres des sanghas prennent une part active dans les dispensaires médicaux, s'occupent d'orphelins, de personnes âgées et de malades.

DEVOIRS QUOTIDIENS
Chaque jour, les moines bouddhistes, comme ces Thaïlandais, se réunissent pour chanter les vers des sutras en l'honneur de Bouddha. Ils peuvent aussi réciter les règles monastiques afin de garder en mémoire leur discipline de vie. Les moines pratiquent la méditation de façon régulière, ce qui guide l'esprit vers la sérénité et l'encourage sur la voie de l'effort juste, de l'attention juste et de la concentration juste.

LE TEMPS DE L'ENSEIGNEMENT
Bouddha comptait sur ses adeptes pour répandre ses idées. Les moines bouddhistes passent beaucoup de temps à enseigner le dhamma, un enseignement qui peut prendre diverses formes. Il se fait, par exemple, à travers l'explication des textes des écritures bouddhistes ou bien en montrant aux gens comment l'application des idées de Bouddha peut les aider à surmonter leurs problèmes.

« Celui qui erre sans posséder de toit […] se contente de peu, est facilement satisfait […], il ne dépend pas de la société, a de l'énergie, est indépendant, solitaire, parfait dans sa conduite […]. »

MILINDAPANHA

Moines et Laïcs

À l'origine, les éventails servaient aux moines lors des sermons, pour maintenir leur concentration en s'isolant du regard des fidèles.

Lorsqu'il enseigne, le moine s'assied dans la position du demi-lotus.

LE RÔLE DES AUMÔNES

Beaucoup de religieux bouddhistes acceptent les aumônes, dons faits par les laïcs. Au début du bouddhisme, les groupes de moines avaient le devoir de ne vivre que de cela. De riches bouddhistes commencèrent à leur faire don de terres. En principe, cette pratique allait à l'encontre des règles monastiques, mais leur permit de s'installer, de construire des monastères et d'avoir leurs propres cultures vivrières. Le principe est sauf : les moines ne s'enrichissent jamais personnellement à travers les aumônes.

Offrandes de riz et de fleurs de lotus

La robe d'extérieur est portée en dehors du monastère.

Le bol destiné aux aumônes est tenu de façon à être prêt à recevoir la nourriture.

DONNER ET RECEVOIR

Les moines qui dépendent encore directement des dons des laïcs attendent surtout des aumônes composées de nourriture ou de médicaments. L'aumône est également bénéfique pour celui qui donne : elle accroît ainsi son mérite, ce qui le conduira à une meilleure renaissance, peut-être même à une place au sein d'une sangha dans une vie future.

Les moines ne doivent pas toucher directement les dons de leurs mains au moment où ils les reçoivent.

LA QUÊTE DU MATIN

Dans des pays comme la Thaïlande, les moines passent encore une partie de leur journée à marcher dans les rues avec leur bol à aumônes pour collecter les dons. Cette tournée quotidienne a lieu le matin afin de réunir suffisamment de nourriture pour le repas principal qui doit être pris avant midi.

Nonnes birmanes discutant des écritures

Moine en quête d'aumônes

ÉTUDE EN GROUPE

Moines et nonnes étudient régulièrement, se réunissant souvent afin de discuter des écritures. Les membres des sanghas ont, de tout temps, conservé et étudié les textes bouddhistes. Au début, c'était une conservation orale qui se faisait par récitation à haute voix. Puis, les bonnes paroles furent couchées par écrit, dans des manuscrits. De nos jours, les textes sont imprimés dans des livres. On les trouve même sur Internet.

LE BOUDDHISME : TOUT UN MODE DE VIE

Les bouddhistes se rendent régulièrement au temple afin d'y déposer des offrandes. Mais leur foi va bien au-delà et affecte toute leur vie. La Noble Voie Octuple décrite par Bouddha propose huit grands principes censés gouverner toute activité. De fait, que ce soit à la maison, au travail ou en vacances, les bouddhistes essaient de vivre conformément à leur foi, surtout par leur comportement bienveillant. Ils pensent de façon positive, sont altruistes et portent des paroles de paix. En agissant ainsi, ils espèrent non seulement accroître leur mérite et obtenir une renaissance plus favorable, mais aussi un monde meilleur pour chacun.

Sculpture sur pierre représentant deux princes et un moine offrant des fleurs à Bouddha

PARMI TANT D'AUTRES
Temples et chapelles bouddhistes sont légions. L'une des raisons en est que chaque personne qui en fait bâtir un accroît son mérite. Un homme riche peut financer un temple complet. Les moins aisés se joignent à des groupes de collecte de fonds ou bien installent une simple chapelle comme celle-ci.

SAVOIR DONNER
Les offrandes à Bouddha sont l'un des rites les plus courants pour les bouddhistes laïcs, tels les deux princes de cette sculpture. C'est une façon symbolique de suivre les traces de Bouddha, car, dans ses vies antérieures, celui-ci a abandonné ce qu'il possédait, sacrifiant parfois sa vie, pour venir en aide à autrui.

Bâton d'encens en train de brûler

Pot à encens chinois en bronze

DES OFFRANDES PARFUMÉES
Faire brûler de l'encens est une forme d'offrande. C'est aussi une manière pour les laïcs de gagner en mérite. De la même façon, les bouddhistes tantriques font parfois des offrandes de feu.

MÉRITE PARTAGÉ
Ces récipients sont utilisés pour la cérémonie du partage du mérite au cours de laquelle de l'eau est versée doucement d'un récipient à l'autre, tandis que des sutras sont récités. La tradition bouddhiste veut que chacun soit responsable de son propre mérite. Mais il est possible de le partager, par exemple en le transmettant à une personne décédée dans l'espoir qu'elle bénéficie d'une meilleure renaissance.

Récipients servant au partage du mérite

Papaye

Banane

Ananas

LES FRUITS DE LA FOI
Les bouddhistes laïcs s ont la possibilité de faire des offrandes de fruits et de nourriture directement à Bouddha en les plaçant sur un autel. Ils peuvent aussi en faire don aux moines sous forme d'aumônes. Tous les fruits peuvent être offerts dès lors qu'ils sont propres et offerts avec sincérité.

Offrande de riz dans une chapelle tibétaine

NOURRITURE SPIRITUELLE
En Asie, le riz est une aumône très courante et fort bienvenue aux yeux des moines bouddhistes. Il est à la fois nourrissant et symbole de bénédiction. C'est aussi l'offrande la plus souvent déposée sur les autels à l'attention de Bouddha. Les bouddhistes espèrent qu'en retour leur communauté sera bénie et recevra suffisamment de nourriture. Le riz placé sur les autels doit être changé à chaque pleine lune. Celui de l'offrande précédente sert à nourrir les oiseaux, les poissons ou d'autres animaux.

Ce récipient, très travaillé et destiné aux offrandes de riz, a été conçu en forme de stupa.

Jour de lessive sur Holy Island

Jardinage sur Holy Island

Préparation des repas dans la communauté bouddhiste de Holy Island, en Écosse

LE MÉRITE EN CE MONDE TERRESTRE
La foi affecte chaque aspect de la vie d'un moine ou d'une nonne bouddhiste. Même les tâches quotidiennes, comme la lessive, le jardinage ou la cuisine doivent s'effectuer dans l'esprit des enseignements de Bouddha et ne pas causer de mal à autrui. De nombreux bouddhistes ne mangent pas de viande car cela implique de tuer des êtres vivants. Certains bouddhistes ne bêchent même pas le sol de peur de blesser les créatures qui y vivent.

LE BOUDDHISME POUR S'EN SORTIR
Ce moine bouddhiste travaille avec des prisonniers en Grande-Bretagne. Il leur explique les enseignements de Bouddha, en particulier pourquoi il est mauvais de faire le mal. Les moines créent aussi des jardins dans les cours de prison, espaces paisibles pour les détenus. Certains d'entre eux changent de vie à la suite de ce travail.

MARCHE POUR LA PAIX
Ces moines et nonnes bouddhistes manifestent contre la guerre du Kosovo en 1999. Les bouddhistes sont opposés à l'idée de tuer et la plupart d'entre eux prônent l'ahimsa, la non-violence. Ils prennent souvent part à des actions de protestation contre la guerre et refuseraient de se battre si elle devait survenir.

POUR FAIRE SES DÉVOTIONS À BOUDDHA

Bouddha n'est pas un dieu mais un être parvenu à l'Éveil. Aussi n'est-il pas adoré de la même façon que les dieux des autres religions. Ce que les bouddhistes éprouvent pour lui est avant tout un profond respect. Les moines accomplissent un rituel de dévotion pour confirmer leur engagement envers le Bouddha, son dhamma et la sangha : ce que l'on appelle le Triple Refuge. Les bouddhistes ont différentes façons d'exprimer leur dévotion. Ils font des pèlerinages, des offrandes, méditent, et se prosternent. Chaque acte de dévotion est bénéfique pour l'adepte, l'encourageant à suivre le dhamma et lui rappelant les principes de la Noble Voie Octuple.

DANS LES PAS DU GUIDE
Des images comme celle de l'empreinte du pied de Bouddha sont des supports pour la dévotion. Cette empreinte présente de nombreux symboles majeurs du bouddhisme et certaines des marques caractérisant les grands hommes. Elle rappelle aux fidèles la vie remarquable de Bouddha et ses enseignements.

Ce coffre est orné de sculptures et de bijoux.

DES SITES SPIRITUELS
Les pèlerinages ont une importance toute particulière aux yeux des bouddhistes laïcs. Ils visitent les endroits liés à la vie de Bouddha : lieux saints où ses reliques sont conservées, comme ici à la pagode de Shwedagon, en Birmanie, et autres sites ayant un lien spirituel. Ces pèlerinages leur permettent de suivre les traces de leur guide et de se concentrer sur leur spiritualité.

JOIE ET CONTEMPLATION
Ce coffre est un ancien reliquaire. Les bouddhistes ont toujours vénéré les reliques de Bouddha, tout comme celles des maîtres et des saints éminents. Les pèlerinages vers les lieux où sont conservés les reliquaires peuvent être des moments de joie où l'on célèbre la vie de Bouddha et ses enseignements, mais aussi des instants de contemplation sereine et d'épanouissement spirituel.

PROSTERNATION ET MÉDITATION

La prosternation s'effectue en général devant une statue de Bouddha. Elle est répétée trois fois en signe de dévouement au Triple Refuge. C'est une expression de respect religieux qui aide les bouddhistes à développer des qualités telles que l'humilité. La méditation, quant à elle, est un aspect capital de la foi bouddhiste. La sérénité et la concentration qui en résultent rapprochent l'adepte de la sagesse et de l'Éveil.

1 DÉDIER SON CORPS
Debout devant une statue de Bouddha, ce lama joint ses mains : ses doigts se touchent et ses paumes forment un léger creux. Ainsi jointes, il les lève à son front pour montrer que son corps est voué au Triple Refuge.

2 DÉDIER SA VOIX

Toujours debout, le lama abaisse les mains juste en dessous de la bouche, montrant ainsi qu'il voue sa parole au Triple Refuge. Ce faisant, il se rappelle le troisième principe de la Noble Voie Octuple : la parole juste.

Le lama serre sa robe entre ses paumes afin de l'empêcher de glisser.

3 DÉDIER SON CŒUR ET SON ESPRIT

Ensuite, le lama abaisse encore ses mains à hauteur de sa poitrine. Cette position montre que son cœur, et par conséquent son esprit, sont voués au Triple Refuge. Alors il se prépare pour la prosternation.

Le lama est complètement prosterné.

Le lama se met à genoux avant de glisser au sol.

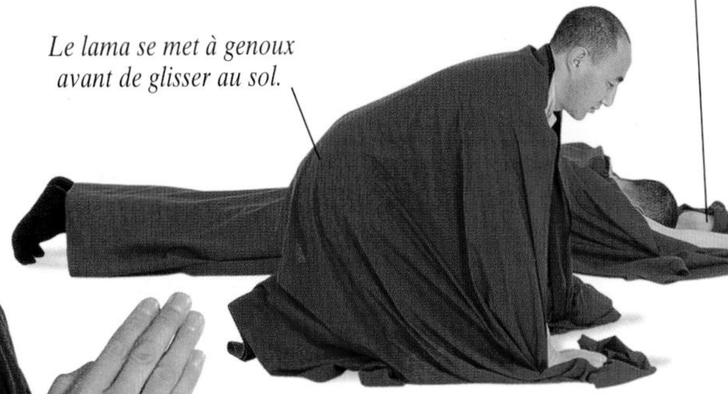

4 LA PROSTERNATION

Le lama se met à genoux et pose les paumes de ses mains à terre. A partir de là, il glisse vers une prosternation complète, en position allongée. Beaucoup de bouddhistes accomplissent une prosternation en cinq points. A genoux, les bras au sol, ils y appuient également le front afin que cinq parties de leur corps (jambes, avant-bras et tête) soient en contact avec la terre.

Une position confortable est essentielle à la méditation.

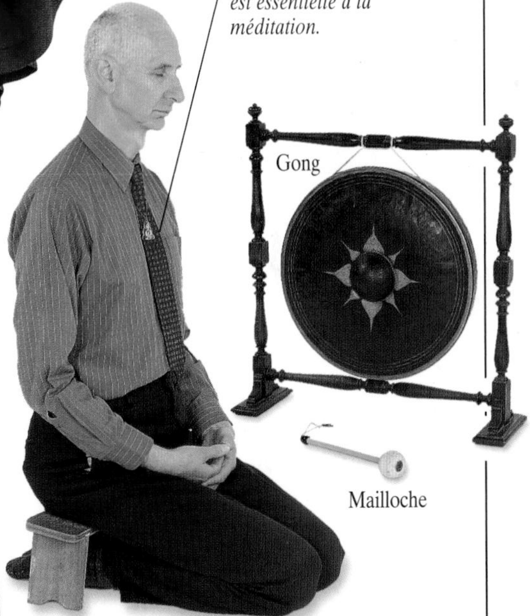

Gong

Mailloche

LIBÉRER L'ESPRIT

La méditation clarifie et purifie l'esprit. Elle mène le bouddhiste à l'effort juste, à l'attention juste et à la concentration juste : trois des huit principes de la Noble Voie Octuple. La plupart des bouddhistes commencent leur méditation en se concentrant sur leur respiration, mais dans certaines branches, c'est plutôt une image ou un objet qui les aide à libérer leur esprit des pensées quotidiennes. Après la méditation, certains frappent un gong afin de répandre le mérite acquis par cet acte de dévotion.

LES FÊTES BOUDDHISTES

Le bouddhisme s'est adapté partout où il s'est implanté. En conséquence, les fêtes bouddhistes varient d'un pays à l'autre. Elles diffèrent également selon les Écoles. Par exemple, les bouddhistes Theravada célèbrent la naissance de Bouddha, son Éveil et sa mort en une seule fête. Ils ont également établi des journées au cours desquelles les laïcs se joignent aux moines pour jeûner et méditer. Les bouddhistes Mahayana, quant à eux, ont tout un calendrier de fêtes, parmi lesquelles figurent la célébration du Nouvel An et autres festivités marquant les étapes majeures de la vie de Bouddha.

Danseur bouddhiste

DES DANSES JOYEUSES

La danse tient une place importante dans de nombreuses cultures orientales et cette tradition a gagné le bouddhisme. Pour les laïcs, danser fait partie intégrante des réjouissances qui marquent la célébration du Nouvel An ou de la naissance de Bouddha. Cependant, moines et nonnes ne dansent pas.

À Londres, en Angleterre, un moine lave des statues de Bouddha enfant.

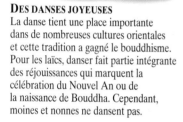

Des pétales recouvrent l'autel.

LES FÊTES DE L'EAU

L'eau joue un rôle important dans les célébrations du Nouvel An de plusieurs pays de confession bouddhiste, comme l'illustre cette peinture birmane du XIXe siècle. Au cours de ces cérémonies, on lave les représentations de Bouddha et les fidèles se baignent ou bien sont aspergés. L'élément liquide a ici une force symbolique : il aide les gens à démarrer la Nouvelle Année dans un état de propreté et de pureté spirituelle.

En préparation des festivités, des pots sont remplis d'eau.

JOUR DE BONTÉ

A travers la fête du Vesak, appelée aussi « Jour de Bouddha », les bouddhistes Theravada célèbrent la naissance, l'Eveil et la mort de leur guide spirituel. C'est un moment où il faut être particulièrement attentionné à l'égard des êtres vivants. En Thaïlande, pour accroître leur mérite, certains évitent les travaux agricoles qui peuvent blesser des créatures et relâchent des animaux captifs, comme le montre cette photographie.

ABLUTIONS RITUELLES

Dans certains temples, on marque la fête du Vesak par une cérémonie au cours de laquelle on lave des statues de Bouddha enfant. On fait alors des offrandes de fleurs et d'encens. Des lumières sont allumées dans les temples et dans les arbres pour symboliser l'Eveil de Bouddha. Dans certaines régions, on remet en scène la naissance de Bouddha par des défilés, la lecture de Jatakas et des pièces de théâtre.

Une statue dorée de Bouddha est au centre des festivités.

Les adeptes se prosternent devant Bouddha.

LE ROI CONVERTI

Au Sri Lanka, moines et laïcs se réunissent pour une fête particulière appelée Poson, au cours de laquelle on célèbre l'arrivée du bouddhisme sur l'île à l'époque de l'empereur Indien Ashoka. Les offrandes ont lieu à Mihintale, là où Mahinda, fils d'Ashoka, aurait converti le souverain à sa foi.

Enfants japonais préparant des fleurs pour la fête de Hana Matsuri

FLOWER POWER

Les Japonais célèbrent la naissance de Bouddha par une fête appelée Hana Matsuri. En mémoire des luxuriants jardins de Lumbini, lieu de naissance de Bouddha, on fabrique à cette occasion des jardins entiers de fleurs en papier. Du thé parfumé est versé sur les statues de Bouddha car il est dit que les dieux ont donné de l'eau parfumée pour le premier bain de Siddharta.

MOINES MASQUÉS

La fête du Losar célèbre le Nouvel An tibétain. On y porte des vêtements neufs et on y mange des mets spéciaux, comme les gâteaux appelés « kapse ». A la fin de la fête, les moines bouddhistes mettent des masques effrayants et accomplissent un rituel destiné à repousser tout mauvais esprit apparu au cours de l'année passée.

LE CYCLE DE LA VIE

Chaque religion développe des cérémonies marquant les grandes étapes de la vie. Dans le bouddhisme, deux grands types de rituels revêtent une importance particulière. Les premiers sont initiatiques : ils visent à accueillir un enfant ou un adolescent au sein de la société bouddhiste adulte et à faire de lui, pour une brève durée, un membre de la communauté monastique. Les seconds sont de nature funéraire. Ils marquent le décès d'une personne et sa future renaissance. Mais le bouddhisme s'est tellement répandu dans le monde que ces cérémonies connaissent beaucoup de variantes. Quoi qu'il en soit, elles sont toujours l'occasion de grandes réunions et de célébrations de la foi bouddhiste.

PETITS PRINCES
Ces garçons reçoivent leur initiation à la pagode de Shwedagon, à Rangoon, en Birmanie. Après cette cérémonie, ils rejoindront le monastère pour une courte période. Contrairement à ce qui se passe dans d'autres pays bouddhistes, les robes de moines ne leur sont pas données tout de suite. Ils sont vêtus de riches vêtements, comme ceux que portait Siddharta avant de quitter le palais de son père et de partir en quête de l'Eveil.

BÉNÉDICTION À LA NAISSANCE
Certains moines bouddhistes, comme celui-ci photographié au Royaume-Uni, invitent les nouveaux parents à faire bénir leur bébé. Toutefois, le bouddhisme n'accorde pas grande importance aux rites marquant la naissance. Les parents qui souhaitent marquer l'arrivée d'un nouveau-né se tournent souvent vers des rituels locaux plus traditionnels où les moines n'interviennent pas nécessairement.

Le moine rase la tête du garçon à l'aide de son rasoir.

Peinture murale du temple de Wat Bowornivet, à Bangkok, en Thaïlande

POUR DEVENIR UN HOMME
Avant d'être acceptés comme membres à part entière de la société bouddhiste, les jeunes garçons sont emmenés au monastère le plus proche. On leur rase la tête et on leur donne un bol à aumônes et des robes. Ils restent au monastère, parfois pour la nuit, souvent pour la semaine. Au terme de cette période, ils ne sont plus considérés comme des enfants.

Une nonne bouddhiste bénit un mariage

UN RAPPEL RELIGIEUX

Le bouddhisme insiste sur l'importance du rôle des moines et de l'engagement monacal. Aussi le mariage n'est-il pas considéré comme un événement religieux. Les couples qui se marient peuvent demander qu'une bénédiction par un moine ou une nonne suive la cérémonie civile. La bénédiction est là pour rappeler aux époux le rôle important de la sangha tout au long de leur vie.

Fleurs de lotus

Bougie

FAVEUR FAMILIALE

Lorsqu'une personne meurt, les membres de la famille font généralement des offrandes, sous forme de bougies ou de fleurs, aux moines locaux. Ce faisant, ils accroissent leur mérite et espèrent que celui-ci sera transféré au défunt et l'aidera à accéder à une meilleure renaissance.

TRADITIONS FUNÉRAIRES

Au moment de leur mort, les bouddhistes sont déposés dans des cercueils parés d'étoffes et de fleurs. Ils sont ensuite transportés en procession jusqu'au temple où des moines vont réciter les écritures concernant le karma et la renaissance. Dans la tradition Theravada, la personne décédée est généralement incinérée, comme ce fut le cas de Bouddha. Les bouddhistes Mahayana, quant à eux, enterrent leurs morts.

Cortège funéraire en Birmanie

Reliquaire en forme de stupa, Bihar (Inde)

« *Ils entassèrent des écorces et des feuilles parfumées, du bois d'aloès, du bois de santal et de cassier sur le bûcher, en soupirant sans cesse de chagrin. Enfin, ils y déposèrent le corps du Sage.* »

BUDDHACARITA

Les Reliques

DANS SA PROCHAINE VIE

Ce coffre en forme de stupa a sans doute été fait pour contenir les cendres d'un saint ou d'un maître bouddhiste. Dans la tradition Theravada, l'incinération représente le point culminant de la cérémonie funèbre. Les membres de la famille conservent généralement les cendres dans une urne. Après les funérailles, il arrive qu'ils brûlent les objets préférés du défunt afin qu'il ou elle en profite dans sa prochaine vie.

RESTER POSITIF

Bien que la mort d'un parent ou d'un ami soit triste, les funérailles sont un événement positif aux yeux des bouddhistes car elles conduisent à la renaissance. Au cours de la cérémonie, on fait parfois brûler de l'encens. Cela rappelle à l'assemblée les enseignements éclairés de Bouddha selon lesquels la mort n'est qu'un simple intermède entre deux vies.

LA CULTURE BOUDDHISTE ET SES INFLUENCES

Le bouddhisme s'est fortement développé au XXe siècle et en ce début de XXIe siècle. De nombreux mouvements sont apparus en Asie, des bouddhistes orientaux ont émigré vers l'Occident, apportant avec eux leurs idées. Nombre d'Occidentaux ont adopté le bouddhisme, en partie encouragés par des mouvements tels que les Amis de l'Ordre Bouddhiste Occidental, fondé au Royaume-Uni. De ce fait, la culture bouddhiste connaît un rayonnement mondial dans bien des domaines : des pratiques de relaxation au cinéma, et dans l'art sous toutes ses formes. Cette expansion a influencé un grand nombre de personnes, parmi lesquelles beaucoup ne sont pas bouddhistes.

Statuette chinoise de Bouddha

BOUDDHAS BIBELOTS
La sérénité et la spiritualité qui se dégagent des statues de Bouddha incitent même les non-bouddhistes à en posséder. Celle-ci est une représentation chinoise de Maitreya, le « Bouddha futur », adaptation du dieu chinois de la richesse et de la prospérité.

MÉDITER POUR SE RELAXER
Tout disciple de Bouddha médite, mais à l'heure actuelle, beaucoup d'autres personnes font de même. Il ne s'agit pas, pour ces dernières d'atteindre l'Eveil mais de leur permettre de se débarrasser l'esprit des pensées qui leur causent trouble ou confusion. Après une séance de méditation, elles se sentent plus sereines et plus aptes à affronter les problèmes de la vie quotidienne.

Personne non bouddhiste pratiquant la méditation dans la position du demi-lotus

DES PLANTES TRÈS PRISÉES
L'ancienne tradition japonaise du bonsaï implique la restriction de la croissance d'un arbre par des techniques telles que la taille et le confinement dans des petits pots. Les bonsaïs furent adoptés par la tradition bouddhiste Zen parce que les matériaux vivants sont utilisés de manière contemplative dans le but de créer des formes belles et naturelles.

Japonaise créant un ikebana

DÉLICATS BOUQUETS
Un bouquet offert à la manière bouddhiste n'a nul besoin d'être très sophistiqué. Toutefois, les bouddhistes japonais ont développé un raffinement dans la présentation des cadeaux qui à donné naissance à l'ikebana. Ce type d'arrangement floral est désormais très prisé partout dans le monde.

GOLDEN BOY
Sur ce détail de frise qui se trouve à Bangkok, en Thaïlande, on peut voir l'image du footballeur anglais David Beckham (à droite). Normalement, seuls les dieux, les bodhisattvas, et les saints sont représentés. Mais Beckham est une figure de la culture populaire : sa renommée le hisse au niveau des dieux. Ici, toutefois, on s'éloigne quelque peu du bouddhisme originel.

« Pensez à ne penser à rien. Soyez sans pensée – c'est le secret de la méditation. »

LE CONTRÔLE DE L'ESPRIT

Méditation zen

UN AMBASSADEUR CÉLÈBRE
Des bouddhistes célèbres, tel l'acteur hollywoodien Richard Gere, ont contribué à faire adopter le bouddhisme à un large public occidental. Richard Gere est devenu bouddhiste lors d'un voyage au Népal en 1978. Depuis, il milite sans relâche pour la liberté religieuse au Tibet, soutenant le Dalaï-Lama ainsi que d'autres bouddhistes tibétains en exil.

UNE AFFAIRE DE FAMILLE
L'actrice Uma Thurman est issue d'une famille bouddhiste. Son père, enseignant en bouddhisme indo-tibétain, fut le premier Occidental à devenir moine bouddhiste tibétain. Uma n'est pas elle-même pratiquante, mais comme beaucoup de gens, elle confie que la foi influence beaucoup sa vie.

LE BOUDDHISME DANS LES ARTS

Bouddha et ses idées inspirent les artistes depuis des siècles. Des petits portraits pour la maison jusqu'aux statues gigantesques que l'on voit de très loin, peintres et sculpteurs en ont produit d'innombrables représentations. Le bouddhisme a également influencé la littérature et le cinéma. Nombre d'histoires dont ces disciplines se sont emparées véhiculent des enseignements bouddhistes, mettant en scène les grands guides spirituels ou abordant les influences du bouddhisme dans notre vie contemporaine.

GRANDEUR BRISÉE

Les plus grands bouddhas debout du monde se trouvaient à Bamiyan, en Afghanistan. Le plus haut des deux mesurait plus de 55 m. Vers l'an 400, la région de Bamiyan comptait de nombreux monastères bouddhistes abritant des milliers de moines. Mais les monastères furent abandonnés quand l'islam s'installa dans le pays. En 2001, les deux bouddhas géants furent détruits par les Talibans, alors au pouvoir en Afghanistan.

SIGNE DES TEMPS

La pagode de Kinkaku-ji, à Kansai, au Japon, a été construite en 1955 sur le site d'un temple bouddhiste du XIVe siècle. Ces initiatives permettant d'accroître le mérite de celui qui en est à l'origine, nombre de monuments de ce type ont été rebâtis à plusieurs reprises au cours de l'histoire. Mais au lieu des toits très pentus des pagodes traditionnelles, ceux de Kinkaku-ji sont plus plats, dans le style des structures urbaines des années 1950.

La statue est si énorme que 100 personnes peuvent tenir sur un seul de ses pieds.

BIG BOUDDHA

Cette énorme statue, qui représente le Bouddha Maitreya, est le plus grand Bouddha assis au monde. Sculptée dans la roche de l'une des faces de Lingyun Hill, à Leshan, en Chine, aux environs de l'an 800, elle attire aujourd'hui plus de 300 000 visiteurs par an, touristes et pèlerins.

La statue mesure près de 70 m de haut et ses épaules 30 m d'envergure.

LE PACIFICATEUR

Cette peinture contemporaine de Liz Wright a pour titre « L'Orient rencontre l'Occident ». C'est une vision de l'histoire de saint Georges, patron de l'Angleterre, et du Dragon. Dans l'histoire originale, saint Georges tue le dragon qui dévorait des gens innocents. Sur cette image, Bouddha est assis sur le dos du dragon et lève le bras pour arrêter saint Georges, comme s'il essayait d'instaurer la paix entre les deux ennemis.

Saint Georges lève sa lance pour frapper le dragon.

Bouddha adresse à saint Georges un geste de retenue.

RAYONNANTE LUMIÈRE

Cette peinture indienne contemporaine montre Bouddha assis sous l'Arbre Bodhi. L'aura de lumière autour de sa tête suggère qu'il a atteint l'Eveil. Le pouce et l'index de sa main droite se touchent dans le geste du dhamma, signifiant qu'il est prêt à enseigner.

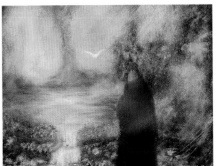

VISION D'ARTISTE

Le bouddhisme recèle une foule d'images qui inspirent les artistes contemporains. Cette peinture à l'huile représente un moine tibétain vêtu de sa robe rouge-brun. Il est entouré d'oiseaux, de fleurs et d'eau, ce qui symbolise le respect et la vénération des bouddhistes pour la nature et le vivant.

LITTLE BUDDHA

Little Buddha est un film du réalisateur italien Bernardo Bertolucci. Il relate l'histoire d'un groupe de moines partant à la recherche de la réincarnation d'un grand lama bouddhiste. La personne qu'ils trouvent est un petit garçon vivant à Seattle, aux Etats-Unis. En parallèle, le film raconte également la vie de Bouddha lui-même.

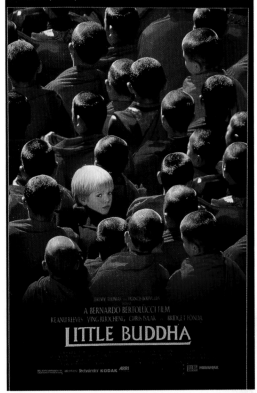

LE SAVIEZ-VOUS ?

DES INFORMATIONS PASSIONNANTES

La plupart des fêtes bouddhistes se déroulent au moment de la pleine lune, car les bouddhistes pensent que le Bouddha naquit, parvint à l'Éveil et mourut lorsque la lune était pleine.

Parmi les offrandes déposées dans les lieux de pèlerinage et les temples bouddhistes, les fleurs fraîches et colorées tiennent une place importante, car, en se fanant et en mourant, elles rappellent cet enseignement du Bouddha : rien n'est éternel.

Fleur de lotus

Dans l'art bouddhiste, le lotus blanc symbolise la pureté et la perfection spirituelle, le lotus rouge représente l'amour et la compassion, et le lotus bleu est le symbole de l'intelligence, de la sagesse et de la connaissance. Le lotus rose, réservé aux plus hautes divinités, est le lotus du Bouddha historique.

Au Japon, au Nouvel An, on sonne 108 fois les cloches des temples lorsqu'arrive minuit : cette pratique a pour but de supprimer les 108 défauts ou maux qui, selon les enseignements bouddhistes, dérèglent la vie de l'homme (comme le désir, l'égoïsme ou la paresse).

Les moines bouddhistes ne prennent qu'un repas par jour, avant midi. Ensuite, ils restent à jeun jusqu'au jour suivant, n'étant autorisés qu'à boire de l'eau.

J.R. de Silva, le colonel Henry S. Olcott et le moine Hikkaduwe Sumangala ont conçu le drapeau bouddhique en 1880 pour marquer la renaissance du bouddhisme au Sri Lanka (qui s'appelait encore Ceylan). Il devait être adopté comme drapeau bouddhique international par le Congrès mondial du bouddhisme en 1952.

Sur le drapeau bouddhique, la rayure bleue symbolise la compassion, la jaune représente la Voie du Milieu ou la sainteté, la rouge la bienfaisance et la sagesse, la blanche la pureté et la liberté, l'orange la sagesse.

Le drapeau bouddhique

Dans certaines fêtes tibétaines, les moines réalisent des mandalas compliqués avec des grains de sable colorés et de la poussière de pierres précieuses. À la fin de la fête, le mandala est détruit et jeté comme bénédiction dans la rivière la plus proche : on montre ainsi que rien n'est éternel, même ce dont on a le plus grand soin.

Jeune moine bouddhiste

La vie des moines et nonnes bouddhistes est régie par plus de 220 règles, mais les quatre premières sont les plus importantes : les membres de la sangha doivent rester célibataires, ils ne doivent ni voler, ni priver un humain de la vie, ni mentir en se vantant de posséder des pouvoirs miraculeux. Un moine ou une nonne qui enfreindrait l'une de ces règles serait expulsé de l'ordre.

Dans les pays de confession bouddhiste, comme la Thaïlande, on honore les représentations de Bouddha en les disposant loin du sol, au-dessus de la tête des fidèles. Ces derniers doivent également prendre soin de ne jamais pointer leurs pieds vers une statue de Bouddha.

La célèbre statue du Bouddha en or massif qui se trouve dans le temple du Bouddha d'Or, à Bangkok, en Thaïlande, a été découverte par hasard en 1950, lorsqu'une grue qui procédait au déplacement de la statue, recouverte alors de plâtre, la laissa tomber.

En langue mongole, dalaï signifie « grand océan » et lama « maître spirituel ». Le dalaï-lama est donc le « maître spirituel au grand océan » : c'est un grand gourou possédant un océan de sagesse.

Le temple de Borobudur, à Java, est constitué d'une pyramide en gradins, de trois terrasses circulaires et d'une stupa centrale, la structure de l'ensemble ayant la forme d'un lotus, la fleur sacrée du bouddhisme.

Moine tibétain réalisant un mandala de sable

QUESTIONS / RÉPONSES

Quelles sont les principales différences entre le bouddhisme Theravada et le bouddhisme Mahayana ?

Le bouddhiste Theravada a pour but de devenir un arahat, c'est-à-dire un être ayant atteint l'Éveil, ou nibbana, délivré de toute souffrance. Il pense que n'importe qui peut devenir arahat, mais doit y parvenir de lui-même avec l'aide d'un maître. Dans le bouddhisme Mahayana, le but est de devenir un bodhisattva afin de délivrer les autres de leur souffrance. Les bouddhistes Theravada enseignent le Canon pali, également appelé Tipitaka. Les bouddhistes Mahayana utilisent aussi un canon, rédigé à l'origine en sanskrit, désormais en tibétain et en chinois, comprenant des enseignements supplémentaires que l'on ne trouve pas dans le Canon pali. Alors que le Theravada est resté bien unifié, le Mahayana s'est divisé en plusieurs branches : bouddhisme Zen, bouddhisme de la Terre Pure, bouddhisme tantrique tibétain. Aujourd'hui, on pratique le bouddhisme Theravada en Thaïlande, en Birmanie, au Cambodge, au Sri Lanka et au Laos. Le bouddhisme Mahayana se pratique au Japon, en Chine, au Tibet et en Corée. D'autres formes de bouddhisme existent en Occident.

Moine bouddhiste Mahayana

Que sont les sculptures de beurre ?

Lors de fêtes tibétaines, on construit parfois sur des structures en bois et en cuir des statues géantes constituées de farine d'orge et de beurre. Certaines atteignent la hauteur d'une maison de trois étages. Comme les mandalas de sable (p. 64), ces sculptures peintes sont détruites à la fin de la cérémonie.

Bouddha est-il un dieu ?

Le Bouddha ne s'est pas présenté comme un dieu ou un messager divin. C'est pourquoi on dit que le bouddhisme est une religion sans dieu. Ainsi, lorsque les bouddhistes s'agenouillent ou se prosternent, ils ne prient pas un dieu mais honorent le bouddha potentiel qui est en eux et expriment leurs remerciements pour les enseignements de Bouddha. Faire des offrandes de fleurs ou de riz, allumer un bâton d'encens ou une bougie sont d'autres hommages rendus à Bouddha. Quant aux représentations de Bouddha, elles rappellent qu'il est nécessaire de développer la paix et l'harmonie intérieures.

Portique de la stupa de Sanchi, en Inde

Qu'est-ce qu'une stupa ?

À l'origine, une stupa est un tumulus contenant les cendres d'un bouddha, d'un arahat (un saint), d'un grand maître spirituel bouddhiste, ou des reproductions de textes sacrés. Au Tibet, les stupas prennent le nom de chörten, au Sri Lanka de dagoba, en Chine et au Japon – où le style architectural a changé – celui de pagode.

Quelle est la signification du symbole de la roue dans le bouddhisme ?

Elle symbolise la roue de la Loi bouddhique, ou cycle sans fin de la mort et de la renaissance. Elle a soit quatre rayons, qui représentent la naissance du Bouddha, son illumination, son premier discours et son parinibbana, soit huit symbolisant la Noble Voie Octuple.

Combien de personnes dans le monde pratiquent le bouddhisme ?

On estime qu'il y en a 350 millions environ, soit 6 % de la population mondiale. Le bouddhisme est ainsi la 4e plus grande religion après le christianisme, l'islam et l'hindouisme.

QUELQUES RECORDS

LE PLUS GRAND BOUDDHA
Le bouddha le plus grand du monde se trouve en Chine, à Leshan (p. 62), dans la province du Setchuan. C'est une statue qui a été sculptée aux environs de l'an 800. Elle mesure environ 70 m de haut. Mais une statue de bronze de 152 m, représentant Maitreya (le Bouddha futur), est en construction en Inde, près de Bodh-Gaya.

BOUDDHA EN BRONZE
Le plus grand bouddha de bronze doré, appelé Daibatsu, se trouve au temple Todai-jo, à Nara, au Japon. Il mesure 15 m de haut.

LE PLUS GRAND MONUMENT BOUDDHISTE DU MONDE
La plus grande stupa du monde est le temple de Borobudur, sur l'île de Java, en Indonésie. L'édifice construit en pierre de lave, qui comprend trois terrasses circulaires et une stupa centrale, couvre 55 000 m2.

BOUDDHA EN OR
La statue religieuse qui a le plus de valeur au monde est le Bouddha d'Or de Wat Traimit, à Bangkok, en Thaïlande. En or massif, la pièce atteint 3 m de haut et pèse 5,5 tonnes.

Une partie des terrasses de Borobudur datant des environs du VIIIe siècle

CHRONOLOGIE DU BOUDDHISME

Cette chronologie présente quelques dates clés de l'histoire du bouddhisme. Les plus anciennes sont approximatives car il est difficile d'attester avec certitude le siècle de la naissance de Bouddha, celui de l'établissement du Canon bouddhiste originel, ou encore celui de l'extension du bouddhisme à partir de l'Inde.

Statue cambodgienne de Bouddha (XIᵉ siècle)

Vᴱ SIÈCLE AVANT L'ÈRE CHRÉTIENNE
• Siddharta Gotama naît à Lumbini, au Népal. Vers l'âge de 35 ans, il atteint l'Éveil à Bodh-Gaya et prononce son premier sermon à Sarnath. Il meurt à Kushinagara à l'âge de 80 ans.

• Le premier Concile bouddhique se tient à Rajagaha en Inde, peu après la parinibbana du Bouddha, et le Canon bouddhiste (Tipitaka) est établi sous forme orale en langue pali par les disciples du Bouddha.

IVᴱ SIÈCLE AVANT L'ÈRE CHRÉTIENNE
• À Vesali, vers 330 avant notre ère, se tient le second Concile bouddhique au cours duquel les bouddhistes Mahayana se séparent des bouddhistes Theravada pour l'interprétation des textes sacrés du bouddhisme.

IIIᴱ SIÈCLE AVANT L'ÈRE CHRÉTIENNE
• Le bouddhisme devient une grande religion de l'Inde sous le règne de l'empereur Ashoka (269-232), qui fait construire de nombreuses stupas à travers le pays.

• Le troisième Concile bouddhique se tient à Pataliputra (vers 250 avant notre ère) sous le patronage de l'empereur Asoka.

• Le fils d'Asoka, Mahinda, devient moine bouddhiste et introduit les enseignements de Bouddha au Sri Lanka.

• La fille d'Asoka, Sanghamitta, établit un ordre de nonnes au Sri Lanka.

IIᴱ SIÈCLE AVANT L'ÈRE CHRÉTIENNE
• Établissement des textes fondamentaux de plusieurs sutras Mahayana, dont le « Sutra du Cœur » et celle du « Diamant ».

Iᴱᴿ SIÈCLE AVANT L'ÈRE CHRÉTIENNE
• Le Canon pali (Tipitaka) du bouddhisme Theravada est consigné par écrit pour la première fois, au Sri Lanka, dans la langue locale.

L'empereur Ashoka

• Des monastères bouddhistes sont fondés au nord de l'Afghanistan, au Tadjikistan et au Turkestan chinois, le long des anciennes routes commerciales, comme la Route de la Soie.

Iᴱᴿ SIÈCLE DE L'ÈRE CHRÉTIENNE
• Le bouddhisme pénètre en Chine.

• Le bouddhisme se propage dans le sud du Vietnam depuis l'Inde, et dans le nord du Vietnam depuis la Chine.

IIᴱ SIÈCLE
• Le quatrième Concile bouddhique se tient à Jalandhar, au nord de l'Inde (vers l'an 100). Mais les commentaires sur les textes sacrés qui sont compilés lors du Concile ne sont pas reconnus par les bouddhistes Theravada.

• Premières représentations du Bouddha.

IVᴱ SIÈCLE
• Les moines chinois propagent le bouddhisme à travers l'Asie centrale jusque dans le nord de la Corée.

• Le bouddhisme Mahayana se répand au Cambodge.

Vᴱ SIÈCLE
• Le Chinois Fa-Hsien, pèlerin bouddhiste, se rend en Inde (399-414).

• Le moine indien Buddhaghosa étudie à l'université monastique d'Anuradhapura, au Sri Lanka (vers l'an 430) et traduit en pali les commentaires faisant actuellement référence. Son travail devient l'interprétation officielle du Canon pali pour les bouddhistes Theravada.

• Le bouddhisme se répand en Indonésie.

VIᴱ SIÈCLE
• T'an Luan (476-542) fonde en Chine l'École Ching T'u, une École du bouddhisme de la Terre Pure.

• Originaire de l'Inde, Bodhidharma, considéré comme le fondateur du bouddhisme Ch'an (Zen), se serait installé vers l'an 520 en Chine, où il enseigna l'importance de la méditation profonde (yogacara).

• L'empereur japonais Kimmei reçoit des statues du Bouddha et des manuscrits de sutras, dons d'un royaume de Corée (vers l'an 552), ce qui marque le début du bouddhisme au Japon.

• Yomei, empereur du Japon de 586 à 587, devient le premier souverain japonais bouddhiste.

• Le fils de Yomei, le prince Shotoku (574-622), propage le bouddhisme au Japon, par la construction de nombreux temples et l'écriture de livrets de morale.

• Le bouddhisme est florissant en Indonésie.

VIIᴱ SIÈCLE
• Le Chinois Hsüan Tsang, pèlerin bouddhiste, se rend en Inde (602-664) et revient en Chine avec des textes bouddhiques qu'il traduit plus tard en chinois.

VIIIᴱ SIÈCLE
• Les formes Mahayana et tantrique du bouddhisme se propagent au Tibet à partir de l'Inde grâce aux enseignements de moines comme Padmasambhava et Shantarakshita.

• L'empereur Shomu (724-749) développe le bouddhisme au Japon par la construction, en grand nombre, de pagodes, monastères et temples.

• La construction du grand ensemble qu'est Borobudur débute sur l'île de Java en Indonésie.

IXᴱ SIÈCLE
• Beaucoup de monastères et de temples bouddhistes sont détruits par l'empereur chinois ; seules survivent l'École Ch'an et celle de la Terre pure.

Sculptures indiennes représentant le Bouddha (IIᵉ-IVᵉ siècles de notre ère)

• Le prêtre japonais Saicho (également appelé Dangyo Daishi, 767-822) établit l'École Tendai au Japon.

XIᵉ SIÈCLE
• La tradition Dagpo Kagyu du bouddhisme tibétain est établie par Marpa le traducteur (1012-1097), son élève Milarepa (1040-1123), et l'élève de Miralepa, Gampopa (1079-1153).

• Konchog Tyalpo fonde au Tibet la tradition Sakya du bouddhisme.

• Le bouddhisme Theravada devient la principale religion de la Birmanie et du Cambodge.

• Le bouddhisme décline en Inde.

XIIᵉ SIÈCLE
• Genku (également connu sous le nom de Honen Shonin, 1130-1212) fonde la secte bouddhiste Jodo au Japon et fait construire son principal temple, le temple Chion-in.

• Eisai (1141-1214) quitte la Chine et retourne au Japon pour fonder le bouddhisme Zen pur.

• Le bouddhisme se développe en Corée sous la dynastie Koryo (1140-1390).

XIIIᵉ SIÈCLE
• Le bouddhisme devient la principale religion du Cambodge sous le règne du roi khmer Jayavarman VII (1181-1219).

Statue du Bouddha d'Or, Thaïlande, XVᵉ siècle

• Le bouddhisme se propage en Mongolie à partir du Tibet.

• Les sectes Zen Soto et Nichiren (centrées sur le « Sutra du Lotus ») sont fondées au Japon.

• Le bouddhisme commence à décliner en Indonésie avec l'extension de l'islam.

XIVᵉ SIÈCLE
• Le bouddhisme Theravada obtient la faveur du roi thaïlandais, Ramkham-haeng : il invite des moines pour qu'ils enseignent dans la capitale Sukuthai et le bouddhisme Theravada devient la religion d'État en Thaïlande.

Adeptes du bouddhisme tournant les moulins à prières du monastère de Labrang, au Tibet

• Le bouddhisme Theravada se répand au Laos.

• Tsongkhapa Lozang Dragpa (1367-1419) fonde la tradition Gelug (« bonnet jaune ») du bouddhisme tibétain.

XVᵉ SIÈCLE
• Le temple d'Angkor Vat, édifié au Cambodge au XIIᵉ siècle, devient un centre bouddhique.

XVIᵉ SIÈCLE
• Le gourou tibétain de tradition Gelug, Sonam Gyamtsho (1543-1588), reçoit du chef mongol Altan Khan le titre de dalaï-lama (1578).

XIXᵉ SIÈCLE
• Les enseignements du moine sri-lankais Gunananda attirent l'attention de l'Américain H. S. Olcott qui soutient la renaissance du bouddhisme au Sri Lanka.

• Olcott et de Silva dessinent le drapeau bouddhique (1880).

• Au Japon, de nombreux temples bouddhistes sont détruits sous l'ère Meiji (1868-1912), au nom de la modernisation. Le bouddhisme se morcelle sous forme de sectes et d'associations plus petites.

• Le cinquième Concile bouddhique se tient à Mandalay, en Birmanie (1868-1871) : le Canon pali y est révisé et gravé sur du marbre.

• T. W. Rhys Davids fonde la Société des textes pali (1881).

XXᵉ SIÈCLE
• Fondation de la Société de la mission bouddhique en Allemagne (1903), de la Société bouddhique britannique (1907) et de la Communauté mondiale des bouddhistes (1952).

• Le sixième Concile bouddhique se tient à Rangoon, en Birmanie (1954-1956).

• En Chine, le gouvernement communiste interdit le bouddhisme.

• Le 14ᵉ dalaï-lama est chassé du Tibet (1959) et s'exile en Inde.

• Le 1ᵉʳ monastère bouddhiste de tradition Theravada est fondé aux États-Unis (1966).

• L'Ordre bouddhique occidental est fondé à Londres par Sangharakshita (1968).

• Le Dalaï-lama reçoit le prix Nobel de la Paix (1989).

XXIᵉ SIÈCLE
• Le bouddhisme est de plus en plus populaire en Occident : des groupes bouddhistes de toutes les Écoles et de toutes les origines géographiques continuent de s'établir en Europe et aux États-Unis.

Pagode de la Paix à Londres, Royaume-Uni, construite par des moines et nonnes japonais en 1985

POUR EN SAVOIR PLUS

Il existe divers moyens de s'informer plus largement sur le bouddhisme. La meilleure entrée en matière est la lecture de certains enseignements du Bouddha ou celle des livres de présentation édités en grand nombre pour les lecteurs occidentaux. Pour savoir s'il existe un temple bouddhiste près de chez soi ou pour se renseigner sur les retraites bouddhistes, on peut consulter les sites Internet. Quant à l'histoire du bouddhisme, elle peut s'apprendre en contemplant les collections des musées ou en voyageant dans des pays comme l'Inde, le Sri Lanka ou la Thaïlande à la découverte des anciens sites bouddhistes.

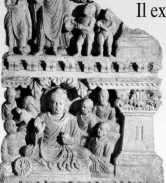

LA VISITE AU MUSÉE
Dans les musées, beaucoup de collections possèdent des représentations du Bouddha provenant de cultures et de périodes historiques variées. Cette sculpture en pierre figurant la vie du Bouddha vient de l'actuel Pakistan et date du Ier siècle de l'ère chrétienne. Elle est exposée au musée Guimet, à Paris.

STATUES DU BOUDDHA
Dans de nombreux pays occidentaux, on vend des représentations du Bouddha de fabrication moderne, telles ces statues thaïlandaises. Elles peuvent être achetées par des monastères comme par des particuliers désireux d'installer chez eux un endroit dédié au Bouddha. De vieilles pièces sont parfois vendues aux enchères mais, d'une façon générale, le commerce et l'exportation vers l'Occident des représentations anciennes sont illégaux dans les pays asiatiques.

LA VISITE DES SITES HISTORIQUES
La stupa de Ruwanweli Dagoba, réalisée en plâtre blanc, se trouve sur le site de l'ancienne cité d'Anuradhapura, au Sri Lanka, l'un des plus grands centres du bouddhisme en Asie du Sud. Le site, désormais inscrit au patrimoine mondial de l'UNESCO, renferme les ruines du grand monastère Maharihara, plusieurs stupas restaurées et des bassins garnis de fleurs de lotus. On y trouve aussi un arbre qui serait le descendant de l'Arbre Bodhi, arbre historique de l'Éveil de Bouddha, issu d'une pousse apportée à Anuradhapura au IIIe siècle avant notre ère par la fille de l'empereur Ashoka, Sanghamitra.

QUELQUES SITES INTERNET

Les sites consacrés au bouddhisme sous toutes ses formes sont très nombreux. Voici quelques sites francophones intéressants.
• Annuaire du bouddhisme : www.chez.com/bouddhisme/
• Bibliographie bouddhique, plus de 400 ouvrages en français répertoriés, souvent avec lien direct vers le site de vente : www.cyberdistributeur.com/frfull.html
• Sutras et écrits sacrés du bouddhisme : www3.sympatico.ca/jonathan.cot-paru/
• Portail du bouddhisme, pages personnelles très complètes avec de nombreux liens : membres.lycos.fr/bouddhisme/
  ou www.multimania.com/bouddhisme/
• *Samsara*, magazine, liste des centres bouddhistes en France, abc du bouddhisme : www.bouddhisme.com

LE PÈLERINAGE
Selon la tradition, quiconque visite l'un des quatre principaux lieux de pèlerinage bouddhistes connaîtra une renaissance favorable. Ces quatre sites sont :
• Lumbini, près de Kapelavatsu, au Népal, où naquit le Bouddha et où les visiteurs peuvent voir le pilier de pierre installé au IIIe siècle avant notre ère par l'empereur Ashoka afin de marquer son passage ;
• Bodh-Gaya où le Bouddha a atteint l'Éveil ;
• Le parc aux gazelles de Sarnath, près de Varanasi (Bénarès), en Inde, où le Bouddha a prononcé son premier sermon ;
• Kushinagara, le site où mourut le Bouddha.

Moine méditant sur un texte à Bodh-Gaya (Bihar, Inde)

LA VISITE D'UN TEMPLE BOUDDHISTE

Les non-bouddhistes sont les bienvenus dans la plupart des temples bouddhistes, où l'on est convaincu que l'enseignement bouddhiste doit être libre, ouvert et véridique. On peut consulter les journaux locaux ou les sites Internet pour se renseigner sur les offices. Lorsque l'on visite un temple, que ce soit en Occident ou dans un pays asiatique comme la Thaïlande, il est bon d'apporter une offrande de fleurs ou de nourriture. Ceux qui ne désirent pas participer aux rites communautaires (chanter des textes ou méditer) peuvent observer simplement en silence au fond ou sur le côté de la salle.

Encens brûlé en offrande à Bouddha

Dans un temple bouddhiste à Hong-Kong, en Chine

FAIRE UNE RETRAITE

Le bouddhisme est en constante expansion dans les pays occidentaux et il existe aujourd'hui de nombreux centres où il est possible de s'informer sur toutes les formes de cette religion. Certains, comme le village de Plum en France, fondé par Thich Nhat Hahn, célèbre moine vietnamien et activiste pacifiste, ou le temple Nan Tien à Wollongong en Australie, proposent des retraites : le visiteur, accueilli plusieurs jours, peut méditer et être personnellement instruit par un moine. Une recherche sur Internet permettra souvent de trouver un centre à la convenance de chacun.

LES FÊTES BOUDDHISTES

Si une fête bouddhiste se déroule pendant que l'on visite un pays comme la Thaïlande ou le Japon, il faut essayer d'y assister. Celle de Songkran, en avril, marque le début du Nouvel An thaïlandais et bouddhiste. Durant les trois jours que dure la fête, la population se rend dans les monastères et apporte des offrandes de nourriture et de fleurs aux moines. Elle assiste aussi à des courses de bateaux et des joutes navales. La fête se termine avec les cloches des temples et des monastères qui sonnent à minuit le troisième jour.

Des fleurs colorées décorent un char lors de la fête de Songkran.

DES LIEUX A VISITER

INDE
• **Bodh-Gaya (Bihar)**
Sur le site où le Bouddha accéda à l'Éveil, les visiteurs peuvent voir l'arbre qui serait le descendant direct de l'Arbre Bodhi et le temple Mahabodhi qui a été restauré.
• **Sanchi (Madhya Pradesh)**
Ici, les visiteurs trouveront l'un des monuments les plus complets de l'Inde : la grande stupa de Sanchi possède quatre portails isolés décorés de sculptures représentant des divinités à la fois hindoues et bouddhistes, des éléphants et des lions.

NÉPAL
• **Svayambhunath et Bodhnath (Katmandou)**
Ces impressionnantes stupas à base carrée de style népalais sont décorées d'yeux immenses incrustés de métal et d'ivoire.

SRI LANKA
• **Anuradhapura (centre-nord de l'île)**
On y trouve un immense parc renfermant les ruines du grand monastère Mahavihara et les stupas de Ruwanweli et de Thurapana.
• **Polonnaruwa (nord-est de l'île)**
Les visiteurs peuvent y voir la célèbre statue représentant le Bouddha couché lors de son parinibbana et un bouddha colossal en méditation, ainsi que plusieurs monuments bouddhistes du début du XIIIe siècle.

THAÏLANDE
• **Temple de Wat Phra Kaeo (Bangkok)**
Centre de la vie religieuse thaïlandaise, il se trouve dans l'enceinte du Grand Palais et abrite la représentation vénérée du Bouddha d'Émeraude.

CHINE
• **Monastère de Jokhang**
Ce monastère, le plus sacré de tous les lieux de pèlerinage tibétain, est célèbre pour son toit doré.
• **Palais du Potala (Lhassa)**
Autrefois demeure du dalaï-lama, le palais est aujourd'hui un musée d'État.
• **Les grottes de Yung Kang**
Elles renferment d'immenses bouddhas sculptés dans la pierre et des sanctuaires.

JAPON
• **Kyoto**
L'ancienne capitale japonaise possède de nombreux monastères Zen ainsi que des temples avec des jardins minéraux (Tenryuji et Ryoan-ji).
• **Temple de Todai-ji (Nara)**
À Nara, les visiteurs peuvent voir le temple Todai-ji et son immense bouddha de bronze, ainsi que de nombreuses pagodes et sanctuaires primitifs du bouddhisme.

Statue du Bouddha au temple Nan Tien, à Wollongong (Australie), le plus grand temple bouddhiste hors d'Asie

69

GLOSSAIRE

ABHIDHAMMA Enseignements complémentaires du Bouddha constituant l'une des trois parties des textes sacrés du Tipitaka (ou textes sacrés pali), essentielle dans le bouddhisme Theravada.

AMITABHA Nom donné à un bouddha qui vivrait sur la Terre Pure, exempte de souffrance, connu au Japon sous le nom de Bouddha Amida (voir aussi *Bouddhisme Jodo*).

ARAHAT (sanskrit : ARHAT) Dans le bouddhisme primitif et le bouddhisme Theravada, être qui a atteint l'Éveil (voir aussi *Samsara*).

ASCÈTE Personne qui renonce à tout confort (il mange peu et dort dehors) pour atteindre un niveau plus élevé de conscience.

BODHISATTVA (pali : BODHISATTA) Mot sanskrit désignant un être ayant atteint l'Éveil, mais qui a choisi de renaître afin d'aider les autres à parvenir à l'Éveil. Les bouddhistes Mahayana pensent que tout être peut devenir un bodhisattva, et par la suite un bouddha éveillé.

BOUDDHA COSMIQUE Nom donné à chacun des cinq bouddhas de la sagesse et de la compassion, vénérés par les bouddhistes Mahayana : Amithaba, Amoghasiddhi, Ratnasmbhava, Vairocana et Vajrasattva.

Le « Sutra du Cœur » sur un rouleau de parchemin chinois

BOUDDHISME CH'AN École bouddhique de la méditation fondée en Chine au VIe siècle par le moine indien Bodhidharma, et appelée bouddhisme Zen au Japon (voir aussi *Bouddhisme Zen*).

BOUDDHISME DE LA TERRE PURE Voir *Bouddhisme Jodo*.

BOUDDHISME JODO Forme du bouddhisme Mahayana dans laquelle les fidèles invoquent le nom du Bouddha Amida pour renaître sur la Terre Pure, située à l'ouest, où il peut les aider à atteindre l'Éveil (voir aussi *Amitabha*).

BOUDDHISME MAHAYANA Signifie « Grand Véhicule »; forme du bouddhisme qui s'est développée en Inde, puis s'est répandue à travers la Chine, la Mongolie et le Tibet, jusqu'au Vietnam, la Corée et le Japon. Certains de ses textes sacrés, considérés par ses adeptes comme les paroles

mêmes du Bouddha, ne sont pas utilisés par les bouddhistes Theravada. Parmi les formes du bouddhisme Mahayana, on trouve les Écoles bouddhistes du Tibet, de la Terre Pure et la tradition Zen, ainsi que nombre de nouveaux mouvements religieux.

Statue d'Amitabha

BOUDDHISME TANTRIQUE École bouddhiste tibétaine également connue sous le nom de bouddhisme Vajrayana. La méditation et les rites spéciaux que pratiquent les adeptes sont censés leur permettre d'accéder à l'Éveil plus rapidement que par les voies traditionnelles.

BOUDDHISME THERAVADA (sanskrit : STHAVIRAVADA) Signifie « enseignements des anciens »; forme conservatrice du bouddhisme, pratiquée principalement au Sri Lanka, en Thaïlande, au Laos, au Cambodge et en Birmanie. Elle confère une place importante au Bouddha et à ses enseignements; ses textes sacrés constituent le Tipitaka, écrit en langue pali (voir aussi *Bouddhisme Mahayana*, *Tipitaka*).

BOUDDHISME ZEN Forme du bouddhisme Mahayana, née en Chine, aujourd'hui surtout pratiquée au Japon et en Corée. Elle privilégie la pratique de la méditation et son enseignement fait souvent appel à des énigmes, des histoires.

DALAÏ-LAMA Chef spirituel des bouddhistes tibétains.

DHAMMA (sanskrit : DHARMA) Les enseignements du Bouddha, c'est-à-dire la doctrine, la vérité ou la loi naturelle; le second objet des Trois Joyaux (voir aussi *Trois Joyaux*).

DHAMMAPADA Recueil de sentences du Bouddha où il enseigne la manière de mener une vie bonne et de purifier son esprit; partie de la Suttapitaka dans le Canon pali.

DUKKHA Mot pali signifiant souffrance, utilisé par le Bouddha pour décrire l'état de mal-être qui imprègne la vie de l'homme parce que rien n'est jamais conforme à ses désirs. La Dukkha est la Première des Nobles Vérités (voir aussi les *Quatre Nobles Vérités*).

ÉVEIL voir *Nibanna*.

GOM Mot tibétain signifiant méditation.

KAMMA (sanskrit : KARMA) Signifie « action » et désigne la loi de cause à effet ou le principe selon lequel les pensées, les mots et les actions d'un être conditionnent sa renaissance.

LAMA Maître religieux et supérieur monastique dans le bouddhisme tibétain.

LOHAN Terme chinois désignant l'arahat.

MAITREYA Bodhisattva destiné à devenir le « Bouddha futur », celui qui apparaîtra sur Terre pour être le prochain bouddha humain.

MANDALA Signifie « cercle » et désigne un dessin complexe, souvent réalisé avec du sable coloré et de la poussière de pierres précieuses, et utilisé comme soutien à la méditation. La Roue de l'Existence est une sorte de mandala qui présente les enseignements du Bouddha (voir aussi *Roue de l'Existence*).

MUDRA Geste des mains utilisé pendant l'enseignement et la méditation.

NIBANNA (sanskrit : NIRVANA) État de l'esprit et du cœur où les « feux » de la cupidité, de la haine et de l'ignorance se sont éteints; but ultime des bouddhistes, les libérant du samsara (voir aussi *Samsara*).

NOBLE VOIE OCTUPLE Chemin de vie par lequel on peut surmonter la souffrance. Elle est le thème du premier enseignement du Bouddha et comporte huit principes : la compréhension juste, l'intention juste, la parole juste, l'action juste, les moyens d'existence justes, l'effort juste, l'attention juste et la concentration juste.

PALI Dialecte indien ancien; c'est en pali que sont rapportées les paroles du Bouddha dans le bouddhisme Theravada.

Lama

PARINIBBANA Dernière mort de Bouddha.

QUATRE NOBLES VÉRITÉS Elles sont au cœur de l'enseignement du Bouddha : toute vie est souffrance ; la cause de la souffrance est le désir insatiable ; la fin de la souffrance vient avec la délivrance du désir ; le désir cesse lorsque l'on s'est engagé sur la Noble Voie Octuple (voir aussi *Noble Voie Octuple*).

ROUE DE LA VIE Représentation du cycle des renaissances chez les bouddhistes tibétains : en son centre figurent les trois maux premiers – la cupidité, la colère et l'illusion – entourés par les six royaumes dans lesquels un être peut renaître.

SAMSARA Cycle perpétuel des morts et des renaissances à travers les royaumes de la Roue de la Vie.

SANGHA Communauté qui suit les enseignements du Bouddha, en particulier les moines et nonnes bouddhistes dont le mode de vie est dicté par la règle monastique exposée dans le Vinaya.

Le Bodhisattva Avalokiteshvara

La sangha est également le troisième objet des Trois Joyaux (voir aussi *Trois Joyaux*, *Vinaya*).

SANSKRIT Langue sacrée de l'Inde utilisée dans les textes du bouddhisme Mahayana.

STUPA Monument funéraire ou commémoratif élevé sur les reliques du Bouddha, d'un saint ou d'un maître bouddhiste, ou bien pour abriter un texte sacré ancien.

SUTRA DU CŒUR Un des textes sacrés Mahayana sur la sagesse.

SUTRA DU DIAMANT Un des textes sacrés Mahayana sur la sagesse.

SUTRA DU LOTUS Texte sacré Mayahana dans lequel Bouddha enseigne les « méthodes habiles » et montre les diverses voies, dont celle du bodhisattva, visant le même but (voir aussi *Bodhisattva*).

SUTTA (sanskrit : SUTRA) Textes d'enseignement attribués au Bouddha. Dans le bouddhisme Theravada, la Sutta Pitaka est une partie du Tipitaka (ou textes sacrés pali). Une large part du Tipitaka est aussi utilisée par les bouddhistes Mahayana, complétée par d'autres sutras.

TANTRA Textes de pratiques rituelles révélées originellement par le Bouddha, comprenant des invocations aux divinités, ainsi que des méthodes pour atteindre l'Éveil à travers la méditation, les mantras et le yoga. La pratique des tantras découle d'une acquisition personnelle avec l'initiation souvent secrète par un gourou – que l'on appelle lama au Tibet (voir aussi *Bouddhisme tantrique*).

TIPITAKA (sanskrit : TRIPITAKA) Recueil de textes bouddhiques considérés comme les paroles mêmes du Bouddha, d'abord transmises oralement, apprises par cœur, et plus tard couchées par écrit. Le Tipitaka pali du bouddhisme Theravada serait la version existante complète la plus ancienne. Elle est composée d'environ 29 œuvres séparées. Les textes étaient écrits à l'origine sur des feuilles de palmier.

TRIPLE REFUGE Triple engagement pris par un bouddhiste envers le Bouddha, le dhamma et la sangha (c'est-à-dire les Trois Joyaux).

TROIS JOYAUX Les trois objets que le Bouddha a désignés comme refuge à ses disciples dans leur tentative pour suivre la Noble Voie Octuple : le Bouddha lui-même, son dhamma (son enseignement) et la communauté monastique, ou sangha (voir aussi *Sangha*).

TULKU Dans le bouddhisme tibétain, lama vénéré comme réincarnation d'un saint (ou bodhisattva).

VAJRA Issu de la mythologie hindoue, le vajra était une foudre dure comme le diamant servant d'arme aux dieux. Dans le bouddhisme, il symbolise l'autorité bouddhique et la nature pénétrante de la sagesse. Vajrayana, autre nom du bouddhisme tantrique signifie « voie du diamant » ou encore « voie de la foudre » (voir aussi *Bouddhisme tantrique*).

VIHARA Terme pali et sanskrit encore utilisé dans le bouddhisme Theravada pour désigner un monastère bouddhiste. Dans un vihara, on trouve le logement des moines, des salles pour une représentation du Bouddha, pour la récitation des textes sacrés et l'ordination des moines, ainsi qu'un Arbre Bodhi. Si les viharas situés dans de petits villages abritent seulement deux ou trois moines, dans des centres beaucoup plus importants, ils peuvent loger des centaines de religieux.

Un arahat

VINAYA Première des trois parties des textes sacrés du Tipitaka, en pali, comprenant les règles de vie suivies par les moines et les nonnes du bouddhisme Theravada.

VOIE DU MILIEU Mode de vie constituant une juste mesure entre une existence faite de privations et une existence vouée au luxe.

Jardin d'un monastère bouddhiste Zen à Tokyo, au Japon

NOTES

Dorling Kindersley tient à remercier : le Vihara (monastère) bouddhiste de Birmingham, au Royaume-Uni, en particulier le Vénérable Dr. Rewata Dhamma et Yann Lovelock, ainsi que le Temple Karma Ling, à Birmingham. Un remerciement particulier s'adresse également à nos modèles : Yann Lovelock, le Lama Rabsang, et le Vénérable Nagasena Bhikkhu.

Toutes les citations sont adaptées de l'ouvrage *Buddhist Scriptures*, Penguin Classics, choisies et traduites par Edward Conze.